Hans-Peter Förster · Zweitberuf: Presse-Sprecher

W0034572

Hans-Peter Förster

Zweitberuf:
Presse-
Sprecher

Schnellkurs
für erfolgreiche
Presse-Arbeit

3. erweiterte Auflage

Luchterhand

Die Deutsche Bibliothek – CIP-Einheitsaufnahme

Förster, Hans-Peter:
Zweitberuf: Pressesprecher : Schnellkurs für erfolgreiche
Pressearbeit / Hans-Peter Förster. – 3. Aufl. – Neuwied ; Kriftel :
Luchterhand, 2000
   ISBN 3-472-04413-6

Umschlaggestaltung: Ute Weber GrafikDesign, München
Satz: Libro, Kriftel
Druck und Verarbeitung: Wilhelm & Adam, Heusenstamm
Printed in Germany, November 2000
Sie finden uns im Internet unter: www.luchterhand.de

Vorwort zur 3. Auflage

Willkommen zum Schnellkurs für eine erfolgreiche Presse-Arbeit!

Von wegen Zweitberuf… Hier dreht sich alles um einen Full-Time-Job, den vermutlich tausende Frauen und Männer in Firmen, Vereinen, Parteien, Institutionen, öffentlichen und privaten Einrichtungen, Kulturstätten und wo sonst auch immer »nebenbei« machen dürfen, müssen oder sollen.

Ein wichtiger, ernst zu nehmender Job: Presse-Arbeit soll die Aufgaben all dieser vielfältigen Unternehmungen deutlich machen. Sie erläutert Position und Beschaffenheit von Produkten sowie die Bedeutung von Dienstleistungen und Angeboten für Markt und Verbraucher. Eine Aufgabe die nichts – aber auch gar nichts – mit der am Markt orientierten Werbung zu tun hat. Auch wenn das unbelehrbare Finanzamtbeamte zum Leidwesen etlicher Freier Journalisten und Pressebüros genau anders sehen und damit jahrelang Finanzgerichte auf Kosten der Bürger unnütz beschäftigen.

Diese 148 Seiten können nur das »How-to-to« vermitteln. Engagement muss von Ihnen selbst entwickelt werden! Ich verspreche es Ihnen: Mit einer großen Portion Begeisterung und viel Herzblut werden Sie Erfolge – selbst in Krisen – ernten und ›Unmögliches‹ realisieren.

Ich nutze diese neue Auflage, 5 Sterne***** zu verleihen:

An *Ingrid Steven*, für mich in meiner Region »die Presse-Sprecherin« schlechthin. Monat für Monat führt Sie mit Leib und Seele vor, was man alles bewegen kann – als Presse-Sprecherin der Freien Waldorfschule in Schopfheim. Ehrenamtlich, 24 Stunden am Tag, versteht sich. Mit viel Schweiß und einer mächtigen Power (mündlich wie schriftlich) hegt und pflegt Sie die Kontakte zur Presse, versorgt die Journalisten mit Themen. Wo ihr Wille ist, bahnt sie sich einen Weg, überwindet dichtes Gedränge – und, wenn sich die Gelegenheit bietet, auch die Bodyguards, um beim Ministerpräsidenten ihre Informationen los zu werden. Erfolg: Der bedankt sich wenig später prompt per Brief persönlich für dieses Engagement.

Die kleine Auszeichnung, die ich hier stellvertretend für all die anderen engagierten »Ehrenamtlichen« in der Presse-arbeit vorgenommen habe, war mir ein großes Bedürfnis. Kenne ich doch etliche, die sich »Konzernsprecher« nennen, dafür auch horrend entlohnt werden, aber es bislang versäumt haben, auch nur ein winziges Anzeichen von Engagement zu zeigen.

Eine gute Presse wünsche ich – um so mehr – all den Engagierten!

Hans-Peter Förster

Dank an…
Ulrich Brinker, Hamburg, für die 65 Kontrollfragen zur Presse-Arbeit und an *Gerd Trommer*, Gernsheim, für verschiedene Checklisten zum Aufbau eines Presse-Verteilers und last but not least an *Stefan Wachtel* aus Frankfurt am Main, für seinen kompakten Grundkurs zur mündlichen PR: »Presse-Sprecher vor Mikrofon und Kamera«.

Zur Terminologie
»Unternehmen« steht hier stellvertretend von A bis Z für Akademien, Behörden, Handwerksbetriebe, Institutionen, Manufakturen, Werkstätten, Kanzleien, Kommunen, Kunst-häuser, Künstler, Lehreinrichtungen, Museen, Theater- und Schauspielhäuser, Schulen, Universitäten, Verbände, Zoologische Gärten usw.

Inhaltsverzeichnis

Anhang

Faltblatt: Checklisten, die Ihnen helfen, das Wissen sofort in die Planung und Realisierung umzusetzen. Ein Zeitplan vermittelt, wie in nur 30 Tagen die Organisation Ihrer neu einzurichtenden Presse-Abteilung steht.

I Strategie

Sorgen Sie für eine strikte Trennung
von Werbung und Presse
und gliedern Sie die Presse-Stelle
und die Funktion als Presse-Sprecher
an die Geschäftsleitung an!

Fragen über Fragen

Für eine wirksame Presse-Arbeit reicht nicht das aufmunternde »Nun machen Sie mal schön« von oben. Standort, Aufgaben und der Stellenwert im Unternehmensgefüge müssen genau definiert sein. Dies ist notwendige Voraussetzung für die Effizienz Ihrer Kommunikationsbemühungen, aber auch Grundlage für eine vernünftige Erfolgsmessung (falls Sie sich und Ihre Arbeit bei der Geschäftsleitung rechtfertigen müssen). Versuchen Sie, die folgenden Positionen der Checkliste möglichst umfassend inhaltlich zu bestimmen. Sie erleichtern die organisatorische Einbindung der Presse-Arbeit und erstellen gleichzeitig ein Spiegelbild des Unternehmens und seiner Aktivitäten.

Infrastruktur

– Wo steht die Presse-Abteilung?
– Wem ist sie untergeordnet und wer ist verantwortlich?
– Welche organisatorischen Änderungen sind geplant?
– Wie sieht die Aufgabenverteilung aus?
– Wie lautet die Arbeitsplatzbeschreibung?
– Wie ist die räumliche Ausstattung?
– Welche Bürokommunikationsmittel stehen zur Verfügung?

Materialien

– Gibt es ein Firmen- oder Presse-Archiv?
– Welche Fotos, Filme, CD-ROMS und Videos existieren?
– Ist ein Presse-Verteiler vorhanden?
– Bestehen besondere Verbindungen zu Medien?
– Treten Firmenangehörige nach außen besonders in Erscheinung (z. B. als Fachautoren, Verbandsmitglieder, politisch Aktive?)

- Gibt es Analysen und Untersuchungen zum Image, zur Marktstellung, Branchenentwicklung, Konkurrenzaktivitäten, Mitarbeitereinstellungen etc.?
- Sind Grundsätze und Regeln zur Unternehmenskultur, Corporate Design, Corporate Wording® und Corporate Identity festgelegt?
- Gibt es eine Werks- oder Mitarbeiterzeitschrift?
- Werden Firmenkunden regelmäßig mit Infomaterial versorgt?
- Gibt es eine Dokumentation bisheriger Presse-Veröffentlichungen?
- Wie wurde Presse-Arbeit bisher ausgewertet und bewertet?

Medien

- Welche Zeitungen und Fachzeitschriften werden regelmäßig bezogen?
- Welche technischen Kommunikationsmittel sind vorhanden?

Unternehmen

- Wann wurde das Unternehmen gegründet?
- Wieviel Mitarbeiter hat das Unternehmen?
- Wie groß ist die Betriebsfläche?
- Wie sehen die Eigentumsverhältnisse aus (Inhaber oder Gesellschafter)?
- Welche Organisationsform hat das Unternehmen?
- Existiert ein Organigramm?
- Welche Werke und Niederlassungen hat das Unternehmen?
- Wie war die Unternehmensentwicklung in den letzten 5 Jahren?
- Wie lauten die Unternehmensgrundsätze?

- Wie wird das Produktions- bzw. Dienstleistungsprogramm definiert?
- Wie lauten die Vorteile gegenüber Wettbewerbern?
- Wer sind die Zielgruppen?

Gesellschaftliches Umfeld

- Wie lauten die allgemeinen Standortprobleme?
- Welche besonderen Probleme mit Behörden sind anhängig?
- Welche Unternehmensaktivitäten berühren gesellschaftlich sensible Bereiche?
- Welche Produktionsanlagen sind umweltbeeinflussend?
- Wird von gesellschaftlichen Gruppen Druck auf das Unternehmen ausgeübt?
- Wie beurteilt die Öffentlichkeit das Unternehmen hinsichtlich Produktqualität, Service und Lieferleistung?
- Wird das Unternehmen als zukunftsorientiert angesehen?

Aktionen

- Welche Messeteilnahmen bevorzugt das Unternehmen?
- Wurde das Unternehmen schon häufiger in den Medien erwähnt (Tenor)?
- Gibt es Betriebsbesichtigungen und Tage der offenen Tür für Mitarbeiter und für die Öffentlichkeit?
- Wurden schon einmal Journalistenrunden im eigenen Hause, sogenannte Chefgespräche, veranstaltet?
- Gab es schon Presse-Konferenzen?
- Welche Fachkonferenzen und Kongresse wurden besucht?
- Welche Sponsor-Aktivitäten (Sport, Kultur etc.) hat das Unternehmen bislang realisiert?
- Welche Forschungs- und Entwicklungsvorhaben sind aktuell?

So legen Sie Ihren Arbeitsbereich fest:

Kreuzen Sie die Tätigkeiten an, mit der Sie Ihre Presse-Arbeit realisieren wollen:

Aktive Presse-Arbeit

❏ Kontakte zu Journalisten
❏ Presse-Gespräch/Firmenführungen
❏ Redaktionen besuchen
❏ Presse-Verteiler erstellen und pflegen
❏ Presse-Informationen verfassen
❏ Presse-Informationen versenden
❏ Presse-Konferenzen vorbereiten und leiten

Reaktive Presse-Arbeit

❏ Beantwortung von Anfragen der Presse
❏ Durchführung von Gesprächen, Interviews und Statements
❏ Angefordertes Bildmaterial beschaffen

Interne Presse-Arbeit

❏ Stufenpläne zur Presse-Strategie erstellen
❏ Presse-Bibliothek aufbauen
❏ Informationen sammeln und aufbereiten
❏ Durchgeführte Aussendungen dokumentieren
❏ Auswertung von Veröffentlichungen
❏ Ausschnitte archivieren
❏ Unterrichtung der Geschäftsleitung
❏ Gestaltung von Presse-Material zur internen Verbreitung

Kontaktarbeiten

- ❏ Presse-Fotos-/-Illustrationen erstellen lassen
- ❏ Herstellung von Druckerzeugnissen koordinieren
- ❏ Ausschnittdienste und Medienbeobachter beauftragen

Versandarbeiten

- ❏ Presse-Material zusammentragen
- ❏ Presse-Material duplizieren
- ❏ Presse-Aussendung bestücken
- ❏ Versand abwickeln

Organisationstätigkeiten

- ❏ Aufstellung und Verwaltung eines Presse-Etats
- ❏ Abrechnung einzelner Aussendungen
- ❏ Angebote von externen Lieferanten einholen
  (Druckerei, Fotograf etc.)
- ❏ Fremdaufträge an Dritte erteilen

6 Planer für Ihre Presse-Arbeit

Erfolgreiche Presse-Arbeit lässt sich nicht locker aus dem Hemdsärmel schütteln. Über das »Gewusst-wie« informieren die nachfolgenden Abschnitte.

Zuerst beginnt die Planung der Strategie. Damit auch wirklich nichts in Vergessenheit gerät, helfen Ihnen Formblätter, die Sie auf den folgenden Seiten und im Anhang als herausnehmbaren Folder für Ihr Notizbuch finden.

Tipp: Fertigen Sie von den Formblättern Fotokopien an (Vergrößerungsfaktor 1:1,5 für DIN A5 und 1:1,32 für DIN A4). Mit dem entsprechenden Locher können Sie die Vorlagen dann auch in Ihr Zeitplan-System abheften!

1. WOCHE

MO	Taschenbuch vollständig lesen und alle Fragen beantworten	
DI	Fototermin für Ihr Portraitfoto	Seiten 94 ff. lesen
	Etat festschreiben	
	Presse-Verteiler erstellen, aktualisieren oder in Auftrag geben	Seite 21 lesen
	Verteilerzahl gemäß Etat festlegen	
MI	Termin mit Grafiker/Druckerei Themen: Gestaltung von Presse-Info-Briefpapier, Presse-Mappe, Fotoaufbereitung	Seiten 5 ff. u. 99 lesen
	Presse-Verteiler erstellen	
DO	Erste Ergebnisse und Arbeitsbereich mit der Geschäftsleitung abstimmen	
	Presse-Verteiler erstellen	Seite 30 u. 72 lesen
FR	Alle Mitarbeiter informieren Presse-Verteiler-Arbeiten fortsetzen	

2. WOCHE

MO	Presse-Text: Eigen-Portrait, Firmen-Kurzportrait, Bildunterschrift und Begleitbrief texten	
	Geschäftsleitung vorlegen	Seiten 82 u. 94 ff. lesen
DI	Jahresziel Presse-Arbeit festlegen	Seite 12 lesen
	Presse-Verteiler überprüfen	
	Statement- und Interview-Training	Seite 107 ff. lesen
	Standard-Antworten vorbereiten	
MI	Termin mit Grafiker/Druckerei	
	Themen: Entwürfe vorlegen lassen, Druckauftrag erteilen	
	(Auflage: Verteilerzahl x Anzahl der Aussendungen in den ersten 12 Monaten)	
DO	Themenplanung für 12 Monate festlegen	
		Seite 13 lesen
	Presse-Verteiler überprüfen, fehlende Adressen extern bestellen	
FR	Ihr Portrait-Foto abholen und zum Duplizieren verschicken	Seiten 99 ff. lesen

3. WOCHE

MO	Text von der Geschäftsleitung freigeben lassen bzw. Korrekturen durchführen	
DI	Presse-Archiv vorbereiten	Seiten 17 u. 21 ff. lesen
MI	Erforderliche Anzahl von Briefumschlägen, Briefmarken, Adressaufklebern etc. bereitstellen	
DO	Themenplanung und weiteres Konzept mit Geschäftsleitung abstimmen	
FR	Termin mit Fotografen Thema: Bildmaterial für die 2. Aussendung	

4. WOCHE

MO	Evtl. Nachfassen bei Druckerei, Fotolabor und Adresslieferant Checklist zur Nachbearbeitung vorbereiten
DI	Anlieferungstermin von Druckunterlagen, Fotos und Adressen Presse-Verteiler vervollständigen und Adressaufkleber ausdrucken
MI	Presse-Texte vervielfältigen, Briefe ausdrucken und unterzeichnen Fotos evtl. mit Passepartout o. ä. ergänzen
DO	Unterlagen zusammentragen, eintüten und versenden
FR	Adressverteiler griffbereit haben, falls erste Reaktionen/Anrufe erfolgen Detailplanung zur nächsten Presse-Aussendung erstellen

Jahresziele Presse-Arbeit

1. Tragen Sie in das folgende Formular Ihre übergeordneten Jahresziele für die künftige Presse-Arbeit ein.
2. Legen Sie dann die Rangfolge fest, in der Sie Ihr übergeordnetes Ziel in einzelne Ziele zerlegen.

Jahresziele Presse-Arbeit

Übergeordnetes Ziel

Wir liefern Themen statt Neuheitenbrei

Einzelne Ziele in der Pressearbeit

Nr.	Ziele	erl.
1	Wir machen unser Unternehmen zum Glashaus	✓
3	Regionale Pressearbeit verstärken und regelmäßigen, persönlichen Kontakt zu den örtlichen Journalisten pflegen	
2	Publikumszeitschriften verstärkt Themen anbieten	

Themenplan Presse-Arbeit

Auf den Seiten 43 bis 72 finden Sie eine Menge Themenanregungen.

1. Formulieren Sie Themen für Ihre Produkte oder Dienstleistungen. Teilen Sie diese nach Saison, Ereignissen, Messen, Feiertagen, Produktbereichen und Zielgruppen ein.

2. Tragen Sie die Themen jeweils in die Monatsrubriken ein, in denen die Veröffentlichungen erfolgen sollten (Differenz zwischen Aussendung und möglicher Veröffentlichung berücksichtigen).

3. Vermerken Sie in der rechten Spalte den jeweiligen Schwerpunkt-Verteiler (Fachpresse, Illustrierte, Zeitungen, Hörfunk etc.). Lesen Sie hierzu die Seiten 21–31.

Themenplan Presse-Arbeit

Monat:	Themen:	Verteiler:
Januar:		
Februar:	Fastnachtsthema	Illus.
März:		
April:		
Mai:		
Juni:	Ferientipps	Illus.
Juli:		
August:	Umwelt	Fachpr.
September:		
Oktober:	Weihnachts-Geschenketipps	Illus.
November:		
Dezember:		

Bemerkungen:

Nach Festlegung der Themen: Legen Sie mit Hilfe folgender Checkliste die einzelnen Produktionstermine von der Text-Erstellung bis hin zum Versand genau fest:

Projektplanung Presse-Aussendung

Thema:	Termine				
	Text:	Foto:	Mappe:	Verteiler:	Versand:
Fastnacht	15.1.	20.1.	15.1.	1.2.	5.2.
Ferientipps	15.5.	20.5.	—	1.6.	4.6.
Umwelt	15.7.	20.7.	—	1.8.	5.8.
Weihnachts-Geschenketipps	15.9.	20.9.	—	1.10.	3.10.

Detailplanung von Presse-Aussendungen

Für jedes einzelne Thema, das Sie im zuvor beschriebenen Formular terminlich eingeplant haben, verwenden Sie jeweils ein einzelnes Blatt zur Detailplanung:

1. Ergänzen Sie das Thema um Stichworte.
2. Formulieren Sie jeweils ein kurzes Ziel. Beispiel: »Was soll die Presse-Aussendung bewirken?«
3. Übertragen Sie die Termine von der ersten Vorbereitung bis zur Aussendung aus dem Formblatt Projektplanung.
4. Erfassen Sie alle für die geplante Aussendung erforderlichen Teil-Arbeiten, geordnet nach Prioritäten.
5. Trainieren Sie kurze Antworten und Statements für Hörfunk und Fernsehen. Kurz heißt: ca. 25 Sekunden.
6. Einige Aufträge werden Sie extern vergeben müssen (an Druckerei, Fotografen etc.). Legen Sie fest, zu welchem Zeitpunkt mit der Teil-Arbeit begonnen werden muss (Spalte »Start«) und wann die Arbeiten spätestens zur Prüfung und Freigabe bei Ihnen vorliegen müssen.
7. In der Spalte »Fertig« tragen Sie den Termin ein, an dem die Einzel-Arbeit komplett und vollständig fertiggestellt sein muss.
8. In der Spalte »Check« können Sie nach erfolgter Fertigstellung Punkt für Punkt abhaken.

Detailplanung Presse-Aussendungen

Thema:	*Ferientipps*					
Stichworte:						
	Milieufoto Familie mit Reisekoffer					
	Produkt »Samsonite Zweitkoffer«					
Ziele:						
	Idee des Zweitkoffers publik machen					
Termin erste Vorbereitung: **02.05.**			Termin der Aussendung: **04.06.**			

Nr.	Teil-Arbeiten:	Zeit:	Delegiert an:	Start:	Freigabe:	Fertig:	Check:
1	Foto-Produk	04	VKF	/	/	20.5.	HPF

Presse-Verteiler-Kartei

Dieses Formblatt hat eine Doppelfunktion:

1. Wenn Sie noch nicht mit einem PC arbeiten, können Sie damit Ihre Presse-Kartei erstellen und künftig regelmäßig pflegen, aktualisieren und ergänzen. Heften Sie die Formblätter in einem Ordner alphabetisch ab.
2. Wenn Sie eine Datenbank-Software verwenden, können Sie das Formblatt auch als Eingabeblatt für die Datenerfassung verwenden.

Presse-Verteiler-Kartei

Register Zuordnung: **P**

Anrede:	**1**	(1=Herrn, 2=Frau, 3=allg.)
Titel:	**Phantasia**	

Publikation:		Auflage: **25.000**
Redaktion/Ressort: **Verbraucher**		Objekt: **1 0 0**
Name: **Wallesheim**		Funktion: **4 0 2**
Vorname: **Friedrich**		
Straße/Nr.: **Naupilia-Allee 39**		
Land: **D**	PLZ: **70738** Ort: **Printhausen**	
Telefon: **06633-7754-0**		
Telefax: **-7754-100**		

Verteiler-Schlüssel:	**0 1**	
Kennung 1:	**1 3 0 2 0**	
Kennung 2:	**2 1 0 1 0**	
Kennung 3:		
Quelle:	**3**	
Erfassungsdatum:	**10.1.**	Zuletzt aktualisiert: **15.2**

Bemerkungen: **Testmuster angefordert 13.2**

Veröffentlichungen:

Veröffentlichungen:

Sonstiges:

II Organisation

Medien

Wer Botschaften veröffentlicht haben will, muss die Kanäle kennen, über die sie seine Zielgruppen erreichen können. Dieses Ziel zu erfüllen, verlangt nach sorgfältiger Recherche.

Printmedien

Rund 450 Tages-/Wochen-Zeitungen und 10.000 Zeitschriftentitel, die sich so unterteilen lassen:

- technische, kaufmännische und sonstige Fachzeitschriften
- wissenschaftliche Publikationen
- Publikumszeitschriften
- Kundenzeitschriften
- Anzeigenblätter

Aus dieser Vielzahl müssen Sie die richtigen »herausfiltern«.

Bedeutung der Printmedien

Wieso kommt den Printmedien eine besondere Bedeutung zu?

Unterschiedliche Kriterien spielen eine Rolle.

- Nahezu jede Person wird von Zeitschriften/Zeitungen erreicht: während der Arbeitszeit/im Beruf; im Flughafen/Flugzeug; im Zug/anderen Verkehrsmitteln; beim Arzt/im Wartezimmer, bei anderen Wartegelegenheiten/Aufenthalten; abonniert/kostenlos über den Briefkasten/Zusteller.

- Mit Gedrucktem (»schwarz auf weiß«) kann sich jeder individuell und intensiv beschäftigen: mehrmals lesen/nachschlagen; unterstreichen/markern; ausschneiden/aufheben.

- Die gelesene Information bleibt besser im Gedächtnis haften. Damit steigt auch die Wertigkeit der Botschaft, ihre Glaubwürdigkeit und letztlich ihre Akzeptanz.
- Für jede Zielgruppe/jedes Interesse existieren Publikationen:
  - Beruf/Geschäft: Fach- und Wirtschaftspresse
  - Politik: Tagespresse
  - Lokal: Tages- und Lokalzeitungen
  - Hobby: populäre Zeitschriften/Special Interest
  - Freizeit/Unterhaltung: Illustrierte.

Die Information bestimmt das Medium

Matrix: Informationsinhalt und Relevanz für Medien

Info-Gegenstand/ Inhalt und/oder Kriterium	Fachzeitschriften				Zeitungen			Wirt-schafts-zeitungen und -magazine	Populäre Zeitschr.	Illustrierte Special-Interest	F+F	andere, z.B. »Freie Journ.« Institutionen pers. Kontakte
	Technik branchen- und/oder fachgebiet-bezogene	allge-meine	kfm/be-triebswirt-schaftliche	»sonstige«	überreg.	regional	lokal¹					
Unternehmen	●	○	●	○	○	●	●	○/●	○	○	○	○ … ●
Programm	●	●	○	○	○	○	●	○	○	○	○	○ … ●
Produkte	●	●	○	○	○	○	●	○	○	○	○	○ … ●
Einzelthemen, z.B.:												
F+E-Ergebnisse	●	●	○	○	○	○	●	○	●	●	○	● …
Auftrag (groß/interess.)	●	○	○	○	○	●	●	●	○	○	○	● …
Anwendung (neu)	●	●	○	○	–	○	●	–	○	–	–	● …
Messebeteiligung	●	○	○	○	○	○	●	○	–	–	○	● …
technische Aspekte	●	●	○	○	–	–	○	–	○	–	○	○ …
wirtschaftliche Aspekte	●	○	●	○	●	●	●	●	○	○	○	● …
soziale Aspekte	–	–	○	○	○	●	●	●	○	○	●	● …
»Umwelt«	●	●	○	○	○	●	●	○	●	○	●	● …
»Jubiläum«	●	○	○	○	–	○	●	–	–	–	○	● …

¹plus sonstige hier relevante wie Anzeigen-, Vereins- u. ä. »Blätter«

Relevanz

- ● stark/hoch
- ● von Fall zu Fall

  »normal« nicht gegeben

23

Arten der Printmedien

Allgemein gültige Definitionen gibt es nicht. Hier werden Unterscheidungen gewählt, wie sie sich für Industrieunternehmen im Bereich Business-to-Business bewährt haben. Die jeweilige Unternehmenssicht wird auch darüber entscheiden, welche Arten von Publikationen im konkreten Fall relevant sind.

Zeitungen/Tagespresse

Die Grenzen sind fließend. Je nach Standort und Betrachtung kann eine Zeitung der einen oder der anderen Gruppe zugeordnet werden. Dies gilt prinzipiell für Tages-, Wochen- u. a. Zeitungen mit ähnlichem Charakter/Ausgabefrequenzen. Gängige Unterscheidungen nach der Verbreitung, die jedoch nicht unbedingt etwas über die Höhe der Auflage aussagen, sind:
– internationale
– überregionale
– regionale
– lokale.

Eine andere Unterscheidungsmöglichkeit:
– Abonnementzeitungen
– Kaufzeitungen
– Boulevardzeitungen
– Anzeigenblätter.

Auch Mischformen sind üblich.

Empfehlung für den Presse-Kontakt:

– Kontakt zum Redaktions-Ressort herstellen.
– Redaktions-Ressort kontinuierlich mit zielgruppenspezifischen Informationen versorgen (kann ein langwieriger Prozess sein, bis die erste Veröffentlichung erfolgt!).

- Wirtschaftsnachrichten (Daten und Fakten) an die Wirtschaftsredaktion versenden.
- Personal-Notizen und sonstige Themen, die nur regional von Interesse sind, an die Lokalredaktion geben.

Lokalpresse

Zu den lokal relevanten Printmedien zählen außer den genannten Zeitungen alle Zeitschriften, die die lokal relevanten Zielpersonen lesen. Dies können sein:

- Zeitungen mit einem entsprechenden Lokalteil
- Anzeigenblätter
- Stadtillustrierte
- Verbandspublikationen
- Vereinsblätter
- Stadtteilzeitungen

u. a.

Empfehlung für den Presse-Kontakt:

- Persönlichen Kontakt mit dem zuständigen Lokalredakteur aufnehmen (wichtiger als eine noch so gute Presse-Mappe!).
- Lokales Konkurrenzdenken zwischen den verschiedenen Lokalblättern berücksichtigen.
- Neuheiten und Themen bei gutem Kontakt auch telefonisch übermitteln oder zu einem Presse-Gespräch einladen.
- Kontakt auch zu den freien Mitarbeitern einer Lokalredaktion halten (werden nach Zeilenumfang honoriert und suchen nach guten Themen!).
- Themen rund um das Personal (Geburtstage, Jubiläen, Beförderungen etc.), größere Aufträge, neue Investitionen, Umbauten oder Neubauten gehören permanent der Lokalredaktion mitgeteilt.

Art und Zahl der relevanten Zeitschriften hängen in erster Linie davon ab in welcher Branche Sie tätig sind und welche Zielgruppen Sie ansprechen wollen.

- Technische und naturwissenschaftliche Fachzeitschriften.

  Sie können grob unterschieden werden in:

- – Allgemeine/polytechnische Fachzeitschriften.

  Sie berichten über »alle« technischen Gebiete, Themen, unabhängig von bestimmten Fachgebieten,

  z. B.: VDI-Nachrichten.

- – Branchen- und/oder fachgebietsbezogene technische Fachzeitschriften.

  Sie berichten branchen- und/oder fachgebietsbezogen über Themen/Abhandlungen aus Technik und/oder Naturwissenschaft, z. B.: NC- Fertigung; Werkstatt & Betrieb; Der Konstrukteur.

- Kaufmännische/betriebswirtschaftliche Fachzeitschriften.

  Sie berichten über Fachthemen aus kaufmännischer bzw. betriebswirtschaftlicher Sicht, z. B.: Personalwirtschaft; Unternehmensführung Logistik im Unternehmen.

Allen gemeinsam ist, dass sie stark themenbezogen sind, überwiegend aus beruflichen Gründen gelesen werden, über Neuheiten und Anwendungen aus dem jeweiligen Fachgebiet berichten.

Empfehlung für den Presse-Kontakt:

- – Persönlichen Kontakt zur Redaktion herstellen (mit dem Chefredakteur oder mit dem zuständigen Fachjournalisten).
- – Redaktionen nehmen gerne Vorschläge zu Themen oder auch journalistisch aufbereitete Gastkommentare und Fachbeiträge an.

– Personal-Notizen und sonstige Themen dann, wenn sie
  für die jeweilige Branche von Interesse sind.

Wirtschaftszeitungen und -magazine

Auch hier sind klare Trennungen schwierig. Die redaktionellen Inhalte und die Zielgruppen ändern sich häufig. Nach Schwerpunkten der Berichterstattung können unterschieden werden:

– Management-Magazine
  Berichte und Hintergrundinformationen für das Management im Wirtschaftsleben, über Märkte, Technologien, z. B.: Top Business.
– Wirtschaftszeitungen/-zeitschriften
  Aktuelle Berichterstattung; Schwerpunkt Wirtschaft; Themen aus Börse, Bank, Handel, Politik, In- und Ausland, Gesellschaft. Redaktionelle Schwerpunkte bilden Handel, Branchennachrichten, Finanzen bis Politik, z. B.: Handelsblatt.
– Nachrichtenmagazine
  Berichterstattung über Themen aus aller Welt, Wirtschaft, Politik, Gesellschaft, Kultur, Technik, z. B.: Der Spiegel.

Empfehlung für den Presse-Kontakt:

– Kontakt zur Redaktion herstellen (z. B. Ressort Firmennachrichten oder Technologie).
– Redaktion nur dann mit Hintergrundinformationen über Firmenentwicklung, Managementthemen, Trends und Technologien versorgen, wenn die Inhalte einwandfrei überprüfbar und belegbar sind.
– Personal-Notizen und sonstige Themen, nur dann, wenn sie überregional von Interesse sind.

Populäre Zeitschriften

Das inhaltliche/redaktionelle Spektrum kann hier ebenfalls sehr breit und vielfältig sein. Es reicht vom gehobenen Niveau, populär berichtend über wissenschaftliche Themen, von anspruchsvoll umgesetzt bis zu leicht verständlichen Beiträgen aus allgemein interessierenden Bereichen. Mögliche Schwerpunkte sind

- Wissenschaft, z. B.: Bild der Wissenschaft; Biologie in unserer Zeit
- Technik, z. B.: Chip; ADAC-Motorwelt; Video; Sportpilot
- Kultur/allgemein, z. B.: GEO; Merian; Zeitmagazin.
  u. a.

Empfehlung für den Presse-Kontakt:

- Kontakt zum Redaktions-Ressort herstellen, das die Rubriken betreut (z. B. Gesundheit, Technik, Neuheiten, Wohnen, Geschenketipps, Essen und Trinken etc.)
- Redaktions-Ressort mit kurzen, themenspezifischen Informationen und erstklassigem Bildmaterial versorgen.

Publikumszeitschriften

Zu Ihrer Presse-Arbeit kann auch der Kontakt zu einzelnen Redaktionen der Publikumszeitschriften gehören. Illustrierte, Unterhaltungsblätter und Frauen-/Männer-/Jugend-Zeitschriften basieren nicht auf der Tagesaktualität. Vielmehr müssen die Presse-Themen dem Zeitgeist entsprechen. Die illustrierte Presse stellt die bildliche Aussage dem Text voran. Sachliche Produktfotos in schwarzweiß haben kaum Abdruckchancen. Hochwertige, in Szene gesetzte Motive sind gefragt.

Empfehlung für den Presse-Kontakt:
- Kontakt zum Redaktions-Ressortleiter herstellen, der die Rubriken betreut (z. B. Gesundheit, Technikneuheiten, Wohnen, Geschenketipps, Essen und Trinken etc.).
- Redaktions-Ressort kontinuierlich mit kurzen, zielgruppenspezifischen Informationen und erstklassigem Diamaterial versorgen (z. B. mit »human touch«).

»Sonderfall«: Freie Journalisten und Presse-Büros

Auch diese Zielgruppe, Ihre direkten Ansprechpartner, sollten Sie nach Themen gliedern. Dies kann im Prinzip wie bei den o. g. Publikationen erfolgen.

Wichtig sind auch Presse-Büros, die zu bestimmten Themenbereichen Zeitungen und Zeitschriften seit Jahren in kooperativer Zusammenarbeit versorgen und dafür wie freie Journalisten honoriert werden. So hat sich beispielsweise ein Presse-Büro auf das Thema »Bauen und Wohnen« spezialisiert. Dieser Journalist ist offen für exklusive Themen mit exklusivem Bildmaterial. Damit er es an die Redaktionen streuen kann, ist ihm das Material in entsprechender Auflage zur Verfügung zu stellen. Das Presse-Büro beliefert ausgewählte Redaktionen. Von den Veröffentlichungen erhält man Ausschnitt-Belege.

Hörfunk und Fernsehen

Beachten Sie die vorgenannten Empfehlungen auch hier und lesen Sie das Kapitel »Vor Mikrofon und Kamera« ab Seite 107. Tipp: Hören Sie in die Luchterhand-CD »PR im Radio« rein: www.online-kom.de.

Infos über Business-TV, Screen Boards, TV-Internet-Sender, Intranet etc. in KOM (Kommunikations- und Pressearbeit für Praktiker), Infos siehe www.online-kom.de

7 Fragen zum Aufbau Ihres Presse-Verteilers

1. Wen interessiert die Botschaft?
Wer hat von sich aus ein Interesse, Informationen zu erhalten?

2. Wen sollte die Botschaft interessieren?
Wer soll angesprochen werden, obwohl er eventuell (noch) gar nicht weiß, dass die Information für ihn von Bedeutung ist?

3. Wem soll die Botschaft zusätzlich präsentiert werden?
Welche anderen Meinungsbildner, zum Beispiel auf lokaler Ebene, sollten aus »Image«- oder »PR«-Gründen ebenfalls informiert werden?

4. Wo können die Zielpersonen gefunden werden?
Welche Arten von Publikationen (unabhängig von der zur Diskussion stehenden Botschaft) lesen die potentiellen Zielpersonen?

5. Welche Redakteure/Redaktionen der potentiell wichtigen Publikationen sollen informiert werden?
Welche Arten von Publikationen kann die Botschaft entweder als »thematisch in ihr Redaktionsprogramm passend« oder »wichtig für ihre Leser zu wissen« angeboten werden, damit sie vom Redakteur als berichtenswert (da für »seine« Leser relevant) bewertet wird?

6. Welche Titel und Sendungen entsprechen den Publikationen?
Welche Zeitschriften und Zeitungen zählen zu den Publikationen, zu denen die Presse-Information inhaltlich vermutlich

am besten passt? Wie lassen sich diese Informationen für Rundfunk und Fernsehen hörbar und sichtbar machen?

7. Woher kommen alle erforderlichen Daten?
Das heißt Daten über Art, Inhalt, Erscheinungsweise, Veröffentlichungssprache sowie Informationen über die jeweiligen Publikationen, korrekte Anschrift mit Ansprechpartner, Telefon-, Fax-Nummer und E-Mail-Adresse.
Informationen über eine solche Datenbank finden Sie auf den Seiten 39 und 145.

Beim Erstellen Ihres Presse-Verteilers sollten mindestens folgende Informationen über Publikationen bekannt sein:
● Titel (möglichst auch Untertitel)
● Adresse (Verlag und Redaktion)
● Namen (Redakteure, andere Ansprechpartner)
● Kommunikationsdaten (Telefon, Fax, E-Mail)
● Selektionsmerkmale und -kriterien (Verteiler, Art, Inhalt)
● zusätzliche Sortierkriterien.
Ein Hilfsmittel zur Erstellung einer Presse-Kartei finden Sie auf Seite 17.

Empfänger für Presse-Informationen

Tragen Sie in die Kästen jeweils ein, welche Priorität jede einzelne Gruppe hat:

1 – wichtig
2 – nützlich
3 – uninteressant

Interne Zielgruppen

❏ Auszubildende
❏ Außendienst
❏ Belegschaft und deren Familien
❏ Betriebsrat
❏ betriebliche Interessengemeinschaften
❏ Firmenleitung/Management
❏ Freie Mitarbeiter
❏ Mitarbeiter
❏ Pensionäre
❏ Vertreter

Externe Zielgruppen

❏ Abgeordnete
❏ Anwälte
❏ Arbeitnehmervertreter
❏ Arbeitskreise
❏ Banken, Kreditgeber
❏ Behörden
❏ Berater
❏ Berufsorganisationen
❏ Berufsverbände

- ❏ Bürgerinitiativen
- ❏ Dienstleister
- ❏ Einrichtungen der Wirtschaft
- ❏ Eigentümer und ihre Organe
- ❏ Fachpresse
- ❏ Fernsehsender
- ❏ Fachverbände
- ❏ Finanzwelt
- ❏ Freie Journalisten
- ❏ Funk und Fernsehen
- ❏ Gemeinde-/Stadtverwaltung
- ❏ Geschäftspartner
- ❏ Gewerkschaften
- ❏ Gläubiger
- ❏ Handel
- ❏ Hörfunksender
- ❏ Institutionen
- ❏ Interessengemeinschaften
- ❏ Investoren
- ❏ Jugendorganisationen
- ❏ Kammern
- ❏ Kirchen
- ❏ Kommunalbehörden
- ❏ Kommunale Verbände
- ❏ Konkurrenz
- ❏ Kreisverwaltungen
- ❏ Kultureinrichtungen
- ❏ Kunden
- ❏ Landesregierungen
- ❏ Lieferanten
- ❏ Lokalpresse
- ❏ Meinungsforscher
- ❏ Ministerien
- ❏ Nachbarschaft
- ❏ Parteien

- ❏ Schulen/Hochschulen
- ❏ Sicherheitsorgane (z. B. Polizei)
- ❏ Soziale Einrichtungen
- ❏ Tageszeitungen
- ❏ Überregionale Wirtschaftspresse
- ❏ Unternehmensverbände
- ❏ Umweltbehörden
- ❏ Verbände allgemein
- ❏ Verbraucher
- ❏ Verbraucherorganisationen
- ❏ Wettbewerber
- ❏ Wissenschaftliche Einrichtungen
- ❏ Zeitschriften-Redaktionen
- ❏ Zulieferer

Notieren Sie weitere Gruppen:

Kopieren Sie die folgende Frageliste für jede Zielgruppe der Prioritäten 1 und 2. Beantworten Sie die dazugehörigen Fragen. Korrigieren Sie aufgrund der neuen Erkenntnisse Ihre Verteilerliste.

Ist-Analyse

Welche Bedeutung hat die Zielgruppe für die Presse-Arbeit?

Welches Bild hat die Zielgruppe von den angebotenen Produkten bzw. Dienstleistungen?

Welches Firmen-/Unternehmer-Image existiert bei der Zielgruppe?

Welches Image haben die Mitarbeiter des Betriebes bei dieser Zielgruppe?

Welchen verwertbaren Nutzen bringt die Presse-Arbeit dieser Zielgruppe?

Ziele

Welche der Zielgruppen sollen in Zukunft vorrangig bedient werden?

[   ]

Welche Botschaften sollen jeweils übermittelt werden?

[   ]

Welche Firmen-/Unternehmer-/Mitarbeiter-Identity soll transportiert werden?

[   ]

Welchen verwertbaren Nutzen soll die Presse-Arbeit dieser Zielgruppe in Zukunft bringen?

[   ]

Maximallösung

Sie enthält ergänzende Informationen über qualitative und quantitative Kriterien. Diese können je nach Bedarf gestaffelt und damit reduziert werden. Die Informationen werden hier wie auf einer Karteikarte nach Publikationen zusammengefasst.

Mögliche Informationen für die Kartei einer Publikation

Identifikationsmerkmale

Titel, Untertitel, Veröffentlichungssprache, ISSN/ISBN, Erscheinungsweise, -land, -termin, Kaufpreis u. a.

Beschreibung des redaktionellen Teils

Charakteristik, ständige Rubriken, Beschreibung der Artikel, Publikationsart, redaktionelle Selektionsmerkmale, Besonderheiten u. a.

Insertions-Charakteristik

Leserservice, Umfang, Verhältnis »Anzeigen:Redaktion«, Art der Inserenten nach Häufigkeit (Wirtschaftsstufe, Name), Anzeigen nach Häufigkeit (Format, Art, Farbigkeit) u. a.

Auflagen und Empfängeranalyse

Empfänger nach Branchen, Zielpersonen, -gruppen, Auflagen (gedruckt, verkauft, verbreitet, kostenlos verteilt, Einzelbezug, Wechselversand, Abonnement), Auflagenkontrolle u. a. Aufgezeigt werden hier die Informationen nach ihrer Art. Sie als Presse-Sprecher müssen je Publikation entscheiden, welche erforderlich sind. Die Entscheidung wird unter anderem auch von der Art und Verbreitung der Publikation abhängen.

So sind über eine deutsche Tageszeitung sicher weniger Informationen für die Presse-Arbeit erforderlich als beispielsweise über eine japanische Fachzeitschrift des Maschinen- und Anlagenbaus. Vom Verwendungszweck her bietet sich folgende Unterteilung an:

- Selektion + Sortierung (= Basisprofil)
- Beurteilen der Publikation für die generelle Presse-Arbeit (= Presse-Profil).

So finden Sie die Anschriften von Medien und Journalisten

Die klassischen Nachschlagewerke bilden seit Jahrzehnten ein Quartett: Das Stamm Presse- und Medienhandbuch, die Zimpel-Nachschlagewerke von Gabler, Redaktionsadress aus dem Media-Daten Verlag und die Kroll-Presse-Taschenbücher.

Diese Verlage setzen vermehrt auch auf elektronische Redaktionsverzeichnisse. Bei Stamm und Zimpel können Kunden ausgewählte Adressen auf Diskette oder Online beziehen.

Der Aufbau und die Pflege eigener und individueller Presse-Verteiler ist so relativ schnell möglich. Dazu ist die gezielte Suche und Auswahl von Zeitschriften und Zeitungen nach deren Redaktionsthemen, Verbreitung und Veröffentlichungssprache einfach möglich.

Die Ergebnisse können als Datendatei weiter bearbeitet und zum Beispiel als personalisierte Adressaufkleber direkt zum Anschreiben der Redaktionen genutzt werden. Eine inhaltliche und formale Auswertung und Analyse über die jeweiligen Publikationen geben weitergehende Auskünfte. So lassen sich auch Einzelanalysen, Verlags-, Namens- und diverse andere Recherchen durchführen.

III Redaktion

Themenfundus für Ihre Presse-Informationen

Kreuzen Sie in der folgenden Auswahl an, welche Themen in Ihrem Bereich derzeit am meisten von Bedeutung sind:

❏ Technische Neuheiten
❏ Zukunftsperspektiven
❏ Umweltschutz
❏ Betriebssicherheit

❏ Beteiligung an kulturellen und sportlichen Aktivitäten
❏ Leistungen für die Gemeinde
❏ Unterstützung wichtiger Organisationen

❏ Humanisierung am Arbeitsplatz
❏ Schaffung/Erhaltung von Arbeitsplätzen

❏ Krisenthema
❏ Tarifpolitik
❏ Arbeitskampf
❏ Verbraucherschutz

❏ Fusion/Verkauf
❏ Stilllegung/Konkurs

Notieren Sie weitere Themen:

Welche Anlässe zu einer Presse-Aktion könnten weitere Themen liefern? Bitte ankreuzen:

❏ Markterfolge
❏ Neue Produkte/Dienstleistungen
❏ Wechsel in der Führungsmannschaft
❏ Wichtiger Großauftrag
❏ Messen und Präsentationen
❏ Markt und Meinung

❏ Besondere soziale Einrichtungen
❏ Einrichtung einer Stiftung
❏ Sponsorenvertrag
❏ Übergabe einer Spende
❏ Ausschreibung eines Wettbewerbs

❏ Neubau
❏ Neue Betriebseinrichtungen
❏ Zusätzliche Produktionsabteilung
❏ Eröffnung einer Filiale
❏ Jubiläum

Notieren Sie weitere Anlässe:

> Welche Headline fällt Ihnen zu einer Produktneuheit ein, die Neugierde weckt?
> Brainstorming ist angesagt!

Neuheiten-Headline

Journalisten wollen keinen Neuheitenbrei, sondern suchen aufschlussreiche, bemerkenswerte Themen für ihre Leser. Schon die Headline »Pilotenschein für Kinder« im folgenden Beispiel hebt sich vom üblichen Allerlei ab, weckt Neugierde und stellt unwillkürlich Fragen:

Anstatt in die Röhre zu gucken:
Pilotenschein für Kinder
Da gucken Kinder nicht in die Röhre. Anstatt ihre Vorstellungskraft aufs Knöpfchendrücken zu beschränken, bauen sie ihr Zimmer zum Airport aus: Von Fischertechnik wird die Phantasie in diesem Herbst buchstäblich beflügelt. Mit zwei neuen »Master-plus«-Angeboten des Tumlinger Baukasten-Spezialisten geht's himmelwärts ...
...Wenn der kleine Luftikus die Bauanleitung auspackt, hält er gleichsam seinen Pilotenschein in den Händen. Mit der Lindbergh-Maschine können sich die Nachwuchspiloten an die Ozean-Überquerung machen oder mit dem Wasserflugzeug in der heimischen Badewanne landen ...

Quelle: Frei und gekürzt nach einer Mitteilung vom Pressebüro Dieter Tschorn, Weinheim für die Fischerwerke, Tumlingen.

> Welche technischen Themen würden Sie gerne allgemein
> verständlich aufbereiten?

Materialprüfung

Auch technische Themen können so aufschlussreich ver-
packt werden, dass sie einen größeren Presse-/Leserkreis
ansprechen. Hier ein Beispiel zum Thema Materialprüfung:

*…Toyota verkauft in Europa nicht nur Autos, sondern ent-
wickelt, testet und produziert. Zunehmend werden auch
europäische Zulieferteile an die japanischen Werke geliefert.
Bevor allerdings ein Zulieferer den Zuschlag bekommt, wird
das Material auf Herz und Nieren geprüft.*
*Im Versuchslabor scheint immer die Sonne. Tagein, tagaus
stechen gnadenlos UV-Strahlen nieder. In der Klimakammer
geht künstlicher Regenschauer nieder…*
*…Über 30 verschiedene Material-Prüfungen können vor-
genommen werden. Bezugsstoffe werden auf die Folter
gespannt, tiefgekühlte Kunststoffteile mit dem Hämmerchen
traktiert, Armaturenbretter im Ofen gegrillt…*

Quelle: Frei und gekürzt nach einer Presse-Information der Toyota Deutschland GmbH,
Öffentlichkeitsarbeit, Köln.

Bezieht Ihre Presse-Abteilung schon Infodienste mit Statistiken oder Zahlenbilderdiensten?
Welche Statistik würde sich für eine Presse-Info am besten anbieten?

Statistiken

Das Institut für Demoskopie Allensbach verschickt regelmäßig Berichte und Statistiken zu aktuellen Themen. Abdrucke sind gegen Beleg und Honorar möglich. Themen-Beispiele: Der Reiz des (Privat-)Fernsehens; Einstellung zu Internaten; Eine neue Machtprobe der Mode; Christentum und Umweltschutz; Gesundheitsreport; Schön ist, was gefällt.

Das folgende Beispiel wäre ein guter Einstieg in eine Presse-Information für Hersteller von Textilien, Versandhäuser oder Kaufhäuser:

Zwei Drittel aller Frauen wollen
»wadenlang« oder »maxi« tragen
Der Zusammenhang zwischen Rocklänge und Konjunktur bestätigt sich. Die Rocksäume rutschen wieder tiefer. Röcke und Kleider bis zur Wade und gar in »Maxi«-Länge machen deutlich, daß eine neue Phase weiblicher Eleganz begonnen hat. Noch im Sommer wurden Kleider und Röcke kurz oder – von den jüngeren – sogar »mini« getragen.
65% haben entdeckt, dass ihnen »wadenlang« (44 Prozent) oder gar »knöchellang« (21 Prozent) hervorragend steht. Auch von den 30-44-jährigen Frauen betont das fast jede zweite (48 Prozent).

Quelle: Institut für Demoskopie Allensbach, Allensbacher Berichte, Allensbach am Bodensee.

Welche KollegInnen gehen in nächster Zeit in den Ruhestand?
Welche Zielgruppe könnte sich dafür interessieren?

Ruhestand

Über die Notwendigkeit von Presse-Informationen über neue Mitarbeiter und neue Stelleninhaber braucht man nicht zu diskutieren. Seltener werden Informationen gestreut, wenn Mitarbeiter in den Ruhestand gehen. Hier ein gutes Beispiel, wie dieses Thema aufbereitet werden kann:

… Zur Überraschung aller, die ihn kennen, vollendet Karl-Heinz Ihrig am Montag, den 23. April, sein 65. Lebensjahr. Dieses Datum hat zwangsläufig zur Folge, daß Opel einen Mitarbeiter verliert, der 32 Jahre lang die Geschicke des Unternehmens als Ansprechpartner der Presse, zuletzt als stellvertretender Leiter der Presse-Abteilung, begleitete.
Ich hatte glücklicherweise noch über ein Jahr lang Gelegenheit, von dem in dieser Zeit angesammelten Erfahrungsschatz zu lernen. Dies war für mich umso wertvoller, weil Karl-Heinz sein Wissen nicht nur bereitwillig zur Verfügung stellte, sondern dies auch noch mit viel Witz und Charme tat, so dass sich manche Stress-Situation in Wohlgefallen auflösen konnte …

Quelle: Frei nach einem Schreiben der Adam Opel AG, Leiter der Hauptabteilung Presse und Information, Rüsselsheim.

> Gibt es in Ihrem Unternehmen Erfolgsstories von Unternehmensbereichen, Produkten, Produktionsergebnissen oder gab es irgendwelche einschneidenden Grundsatzentscheidungen?
> Welches »alte« Thema könnte neu aufbereitet werden?

Erfolgsstory

Wer sagt denn, dass nur Neues Abdruckchancen in der Presse hat? Auch ein Rückblick auf erfolgreiche Produkte, Firmen- und Personalentwicklungen können ein Thema für die Presse sein. Hier ein Fallbeispiel:

GT-Idee: Rassiges Sportcoupé
1968 liefen die ersten Exemplare vom Band
…Die Besucher der IAA 1965 trauten ihren Augen nicht. Da stand doch tatsächlich ein zweisitziges Sportcoupe auf dem Opel-Messestand, das gar nicht in die mitteleuropäische Großserienwelt passen wollte…
…Die für damalige Verhältnisse sehr kurze Entwicklungszeit von drei Jahren verdankt der GT seinen Zutaten aus dem »Opel-Baukasten«. Airbag und Gurtstraffer waren Mitte der sechziger Jahre noch kein Thema, aber Seitenaufprallschutz. Die GT-Geschichte im Überblick…

Quelle: Frei und gekürzt nach einer Presse-Information der Adam Opel AG, Öffentlichkeitsarbeit Rüsselsheim.

> Welche Produkte oder welche Dienstleistungen könnten Sie mit einer Jahreszeit thematisch verbinden?

Rekordtemperaturen

Ob verregneter Frühling, stürmischer Herbst, schneearmer Winter oder heißer Sommer – jede Jahreszeit eignet sich als Themeneinstieg einer Presse-Information oder eines Begleitschreibens. Hier ein Beispiel von BMW:

… mit Jahrhundert-Rekordtemperaturen begann der Sommer bereits im April – sehr zur Freude auch der Motorradfahrer.
Für den Fall, dass es demnächst doch mal wieder regnen sollte, hat BMW jetzt eine praktische Lösung anzubieten: den ersten wasserdichten Lederanzug…

Quelle: Frei und gekürzt nach einer Mitteilung von der BMW Presse-Abteilung, Richard Gaul, Hans Sautter, München.

> Welches Thema bietet sich bei Ihnen zu Jahresbeginn an?

Jahresbeginn

Jede Jahreszeit hat ihre eigenen Reize und bietet somit abwechslungsreiche, bunte Themen. Hier ein Beispiel einer Presse-Information, die Anfang Januar verschickt wurde:

… bis zum Frühjahr ist es zwar noch eine Weile hin, doch bei Steiff sind die »Ostertiere« bereits geschlüpft. Um Sie über die kuscheligen Neuheiten möglichst früh zu informieren, erhalten Sie zwei Fotos.

Wenn Sie Freude daran haben, dann geben Sie es bitte weiter – an Ihre Leser.

Bildunterschrift: Die ersten Frühlingsboten zeigen sich bereits in den Schaufenstern der Spielwarengeschäfte: Da gibt es putzige Hasen, bunte Vögel und selbst die Schnecke wird zum Schmuseerlebnis.

Quelle: Frei und gekürzt nach einer Presse-Information der Margarete Steiff GmbH/ Pressebüro Dieter Tschorn, Giengen/Weinheim.

> Welche Produkte oder Dienstleistungen lassen sich mit dem Schulbeginn in Verbindung bringen?

Schulanfänger

Produktorientierte Unternehmen neigen vielfach dazu, ihre Presse-Informationen auf Neuheiten-Vorstellungen zu beschränken. Hier ein gutes Beispiel, wie die Abteilung Öffentlichkeitsarbeit über eine PR-Kampagne die Journalisten auf dem laufenden hält:

Zum Schulbeginn:
Auf Abc-Schützen achten!
Wenn in den nächsten Tagen das neue Schuljahr beginnt, bewegen sich viele Abc-Schützen zum ersten Mal allein im Straßenverkehr. Gemeinsam mit der Deutschen Verkehrswacht e.V. starten wir eine Plakataktion unter dem Motto »Schulanfänger – Verkehrsanfänger«, um alle motorisierten Verkehrsteilnehmer zu besonders rücksichtsvollem Verhalten anzuhalten. Bundesweit werden rund 60.000 Plakate vorzugsweise an den Hauptverkehrsstraßen auf die Erstklässler hinweisen.

Quelle: Frei und gekürzt nach einer Information der Adam Opel AG, Öffentlichkeitsarbeit, Rüsselsheim.

Folgendes Beispiel lässt sich auf viele Branchen übertragen.
Über welche Produkte oder Dienstleistungen könnten Sie ein Sommerthema texten?

Sommerthema

Sommerzeit ist Urlaubszeit. Dass das nicht nur ein Presse-Thema für die Touristikbranche ist, zeigt die folgende Muster-Info:

Machen Sie Ihr Auto fit für den Urlaub
Die Urlaubszeit steht bevor – und rechtzeitig vor dem Start sollte man überlegen, ob alle wichtigen Reiseutensilien »an Bord« sind. Dazu zählen sicherlich auch die Auto-Pflegeprodukte.
Neu im Programm ist jetzt…
Fazit:
Wenn man mit dem Auto derart gut gerüstet in den Urlaub startet, fehlt nur noch ein hochwertiger Film für die schönsten Urlaubsbilder.

Quelle: frei nach 3M.

Welches Urlaubsthema könnten Sie über Ihre Produkte oder Dienstleistungen schreiben? Welches sind die typischen Dinge außer Fotografieren, mit denen sich der Urlauber beschäftigt?

Urlaubsthema

Urlaubszeit ist Reisezeit. Und zur Reisezeit wird zum Beispiel viel fotografiert. Mit der bemerkenswerten Headline »Dem Schuhkarton droht das Aus« wurde auf ein Presse-Thema hingelenkt:

... Die schönste Urlaubsreise hat ein Ende und was davon bleibt, sind nur die Erinnerungen. Den vielen Bildern, die man während der Reise aufgenommen hat, um auch zu Hause noch etwas von den Eindrücken zu haben, droht leider meist ein ungebührliches Schicksal. Einmal angesehen, verschwinden sie lieblos in einem Schuhkarton. Keiner möchte sich die Arbeit machen, die Aufnahmen in ein Album einzukleben, das man dann bestimmt öfter aus dem Regal ziehen würde, um in Erinnerungen zu schwelgen.
Dabei kann das so einfach sein. Der neue Tape-Roller von Hama ist die Rettung. Mit einem handlichen Spender können die Bilder in Sekundenschnelle und ohne großen Aufwand eingeklebt werden ...

Quelle: Frei und gekürzt nach einer Presse-Information von HAMA, Monheim.

> Wie könnten Sie Produkte oder Dienstleistungen mit einer Statistik verbinden?

Zahlen und Fakten

Zu jeder Jahreszeit erscheinen irgendwelche Statistiken zu vielfältigen Themen. Das Statistische Bundesamt gibt zum Beispiel jeweils dienstags um 11.00 Uhr die »Zahl der Woche« bekannt.

Hier das Beispiel einer Presse-Mitteilung:

Urlaubszeit – Zeit der Sonnenbrände
In diesem Jahr wurden in den alten Bundesländern 6.175 Tonnen Sonnenschutzmittel im Wert von 221,5 Mill. DM produziert. Dies entsprach gegenüber dem Vorjahr einer Steigerung von 1.213 Tonnen oder 24,4 Prozent, bzw. einer Wertsteigerung von 68 Mill. DM oder 44,3 Prozent.
Mit 6.513 Tonnen war in den letzten 10 Jahren 1991 das Jahr mit der höchsten Sonnenschutzmittel-Produktion.

Quelle: Frei und gekürzt nach einer Mitteilung für die Presse vom Statistischen Bundesamt.

> Welche Verbindung lässt sich zwischen Ihrem Produkt-
> oder Dienstleistungsangebot und einem Jahresereignis,
> wie z. B. Fastnacht, herstellen?

Jahresereignisse

Am 11.11. beginnt alljährlich die fünfte Jahreszeit. Narren
haben eben ihre festen Daten. Eine Chance, dieses Thema
rechtzeitig aufzugreifen und in die Themenplanung der
Presse-Arbeit mit einzubeziehen. Etwa so:

*»Am Aschermittwoch ist alles vorbei…«. Diese endgültige
Tatsache ist den deutschen Narren genauso bekannt, wie sie
einer weitaus angenehmeren Gewissheit entgegensehen: Am
11.11. um 11 Uhr 11 beginnt die neue Kampagne oder neue
Saison. Doch die wenigsten Anhänger dieser fünften Jahreszeit wissen eigentlich, wo der Ursprung dieses närrischen
Datums liegt. Über die Hintergründe weiß die Fachgruppe
Karneval im Deutschen Verband der Spielwaren-Industrie
einige interessante Details zu berichten…*
Bildunterschrift (Auszug):
*Karneval ist die Zeit der Verkleidung. Ein ganzer Industrie-
zweig lebt von der Lust der Menschen an der bunten Verkleidung. Trend des Zeitgeistes: »Punk« ist »In«.*

Quelle: Auszug aus einer Information von Pressebüro Dieter Tschorn, Weinheim.

> Welches Weihnachtsthema bietet sich bei Ihnen an?

Weihnachten

Schon Ende August oder Anfang September müssen Presse-Meldungen mit Weihnachtsthemen an die Zeitschriften-Redaktionen verschickt werden. Hier ein Beispiel:

Liebe Kolleginnen und Kollegen,
wer wird denn jetzt schon an Weihnachten denken?
Wir. – Und natürlich all' die fleißigen Hände, die sich schon lange rühren, damit das Weihnachtsfest wieder in hellem Glanz erstrahlt.
Festlich geschmückte Weihnachtsbäume haben in den vergangenen Jahren eine bemerkenswerte Renaissance erlebt, was sicherlich auch damit zu tun hat, dass der Christbaumschmuck sich gewandelt hat, Trends setzt und Mode macht.
Mehr über die aktuellen Tendenzen, die Unterschiede zwischen mundgeblasenem und maschinell hergestelltem Christbaumschmuck finden Sie in dem Artikel, der für Ihre Leserinnen und Leser sicherlich interessant sein dürfte.

Quelle: Frei und gekürzt nach einer Presse-Information vom Deutschen Verband der Spielwaren-Industrie e.V., Fachgruppe Christbaumschmuck/Pressebüro Dieter Tschorn, Weinheim.

Themeninhalt der Presse-Infos:
Farb- und Modetrends zum kommenden Fest; Geschichtlicher Rückblick des Weihnachtsbaumes; Marktdaten über deutschen Christbaumschmuck; Branchendaten über Christbaumschmuck-Hersteller; Handwerkliche Tradition.

> Mit welchen Vorjahres-Daten könnten Sie Bezug zum laufenden Jahr schaffen?

Zahl der Woche

Statistische Erhebungen aus dem Vorjahr lassen sich sehr gut mit den aktuellen Jahreszeiten verknüpfen.

Tipp: Rechtzeitig im Vorfeld planen und frühzeitig aussenden! Die »Zahl der Woche« gibt das Statistische Bundesamt jeweils dienstags um 11.00 Uhr bekannt. Was aber hat das mit Weihnachten zu tun?

Lieber guter Nikolaus ...

Über 98% aller Leb- und Honigkuchen kommen aus deutscher Produktion

Von den im letzten Jahr zur Weihnachtszeit vernaschten Leb- und Honigkuchen stammten insgesamt 98,2% (106.227 Tonnen) im Wert von über 693 Millionen DM aus heimischen Backöfen. Nur 1,8% der süßen Backwaren wurden aus dem Ausland eingeführt, wovon rund drei Viertel in den Niederlanden gebacken wurden.

Quelle: Statistisches Bundesamt, Wiesbaden.

Welches Produkt oder welche Dienstleistung feiert bei Ihnen demnächst einen runden Geburtstag?
Wie könnten Sie darüber berichten?

Jahresende

Rechtzeitig vor dem Jahreswechsel kann die Presse auch über ein Ereignis informiert werden, das zu Neujahrs-Beginn ein Thema sein wird. Hier ein Beispiel mit einer guten Überleitung vom Jahreswechsel zum eigentlichen Thema:

... Das Jahr geht zu Ende, das Neue Jahr steht vor der Tür. Wir wissen noch nicht, was es alles bringen wird. Ein für die Geschichte des BMW Motorrads bedeutsames Ereignis steht hingegen fest:
Der Boxer feiert seinen 70. Geburtstag.
Mehr darüber in der nachfolgenden Meldung.

Quelle: Frei und gekürzt nach einer Presse-Information der BMW AG, Presse-Abteilung, München.

Die Presse-Information enthielt nicht nur Themen aus der Vergangenheit, sondern kündigte auch eine neues Modell an. Der Text war in folgende Themenabschnitte gegliedert: BMW Motorräder seit 1923 – Eine Legende feiert Geburtstag; Der geniale Dreh des Max Friz; Der Boxer machte Motorradgeschichte; »Forever young«; Die neue Boxergeneration im kommenden Frühjahr.

> Wie kündigen Sie eine Nachfolge und einen Wechsel im Management an?

Interview-Ersatz

Erfolgt in einer Spitzenposition ein Stellenwechsel, wird die Presse hellhörig. Hintergründe, Facts und Personality-Themen sind gefragt. Um einem unvorbereiteten Handeln vorzubeugen, empfiehlt sich folgendes zur Nachahmung:

… Sehr viele Anfragen haben uns zu exklusiven Interviews mit Helmut Werner erreicht. Diese können wir nicht alle in der gewünschten Zeit erfüllen – denn auch bei unserem neuen »VV« hat der Tag nur 24 Stunden. Deshalb heute etwas mehr Text als üblich, in der Hoffnung, Ihren ersten Hunger auf Information stillen zu können.

Quelle: Frei und gekürzt nach einer Presse-Information der damaligen Mercedes-Benz AG, Presse.

Anmerkung: Die umfangreiche Mappe enthielt etliche Zitate zu aktuellen Themen und vier Fotos vom damals neuen Vorstands-Vorsitzenden.

> Welche Möglichkeiten bieten sich Ihnen, künftig einen Themenservice anzubieten?

Themenservice

Journalisten suchen Themen – keinen Neuheitenbrei!

Die meisten Presse-Abteilungen beschränken sich mit ihren Leistungen darauf, mehr oder weniger sporadisch Presse-Informationen über Neuheiten auszusenden.

Einige Presse-Abteilungen möchten sich durch besondere Leistungen den Redaktionen partnerschaftlich präsentieren und ihnen beispielsweise mit einem Artikel-Service die journalistische Recherche-Arbeit erleichtern:

Sie brauchen eine Dach-Zeile?

Wenn Sie mehr wissen wollen über das Ziegeldach, seine Geschichte, seinen Wert für Natur und Umwelt, seine zeitgemäßen Formen und Farben bzw. alles rund um den »Hut« des Hauses …

… dann sollten Sie das Informationszentrum Ziegeldach kennen. Eine Titel- und Themenliste erhalten Sie wann immer und so schnell Sie möchten. Natürlich auch vorbereitetes Text- und Fotomaterial.

Quelle: Arbeitsgemeinschaft Ziegeldach e.V.

Fotoserie

Auch wenn das Thema Interesse beim Redakteur weckt: nicht immer müssen die dazu angebotenen Presse-Fotos dem Bedarf der Redaktion entsprechen. Die Lösung:

Liebe Kolleginnen und Kollegen,
die Modellauto-Szene wird durch eine neue Entwicklung bereichert: das diebstahlgesicherte Auto von Matchbox…
… Ein Foto haben wir mitgeschickt. Sollten Sie eine andere Bildidee haben und wollen ein eigenes Foto anfertigen, so senden wir Ihnen gern ein Muster zu.
Freundliche Grüße

Quelle: Auszug aus einer Presse-Info von Matchbox, Pressebüro Dieter Tschorn, Weinheim.

> Welche Schaubilder oder Grafiken können Sie der Presse anbieten?

Schaubilder-Service

Seit 1990 verschickt der Informationskreis Kernenergie den Dienst »Energie-Grafiken«. Der Informationsdienst basiert auf der Grundsatz-Philosophie, Informationen zum Thema Energie/Kernenergie audiovisuell darzustellen. Der Dienst erscheint zehnmal jährlich und richtet sich an rund 2.000 Journalisten und Redaktionen. Jede Aussendung enthält ein Thema. Mit einer Antwortkarte kann die jeweilige Grafik auch als farbige Overhead-Folie oder als Kleinbild-Dia oder als Bilddatei angefordert werden. Auch die Aral AG verschickt regelmäßig Informationen mit Schaubildern. Im Gegensatz zu den Energie-Grafiken beinhaltet eine Aussendung jeweils mehrere Themen:

Tankstellen in Europa, Anforderungen an Tankstellen, Bleifrei hat sich durchgesetzt, Bezinverbrauch und Pkw-Bestand, Benzinpreis-Vergleich Europa, Steuern pro Liter usw.

Quelle: Aral AG, Öffentlichkeitsarbeit, Bochum.

> Welches Seminar-Thema könnten Sie Journalisten anbieten?

Seminar-Service

Wie sich mit Microsoft Windows für Workgroups schnell und einfach Netzwerke für Arbeitsgruppen installieren lassen, ist nach Auffassung der Presse-Abteilung mittlerweile bekannt. Darüber hinaus gibt es jedoch zahlreiche technische Fragen zum »Innenleben« von Windows für Workgroups und den mitgelieferten Applikationen. Die Microsoft-Presse-Abteilung wollte diese im Rahmen eines technischen Seminars den Fachjournalisten beantworten. Zusammen mit der Einladung wurde dann ein Anmeldeformular verschickt.

Quelle: Publipress/Microsoft.

Wieviel Presse-Informationen stehen bei einer Messe zur Verfügung? Wäre es für die Presse und für das Unternehmen von Vorteil, das Material im Vorfeld der Messe zu versenden?

Messevorschau

Das Presse-Team der Hauptabteilung Öffentlichkeitsarbeit von Toyota hat im Vorfeld der Internationalen Automobilausstellung in Frankfurt eine umfangreiche Presse-Mappe an die Journalisten verschickt. Hier ein Auszug des Begleitbriefes:

... Neuheiten und Premieren sind auf der IAA so selbstverständlich wie weite Wege von Halle zu Halle. Deshalb wollen wir Sie bei Ihrem Messebesuch nicht noch zusätzlich mit einer schweren Presse-Mappe belasten, sondern senden Ihnen vorab unsere aktuellen Unterlagen zu. Sie enthalten Informationen über die Neuheiten und einen Überblick über das Modellprogramm. Die Zukunftsstudie informiert darüber hinaus über neue Recycling-Verfahren.
Ihr Presse-Team freut sich auf ein Wiedersehen beim Presse-Empfang!

Quelle: Frei nach einer Information der Toyota Deutschland AG, Köln.

Welches Thema könnte Ihre nächste Messe-Einladung enthalten?
Wie könnte ein Brief lauten, der einer aufwendigen Einladungskarte vorgezogen wird?

Messe-Einladung

Messe-Einladungen werden häufig sehr aufwendig gestaltet: vierfarbig, als Leporello, mit integrierter VIP-Karte oder – je nach Messe-Anlass auch auf hochwertigem Bütten-Papier. Hier ein weniger aufwändiges Beispiel, eine Einladung per Brief, die ihren Zweck erfüllt und dabei Kosten spart:

... ein Beispiel für Ruhe sind Automobilausstellungen nicht. Im Gegenteil: Hektik in allen Hallen ist angesagt. Rühmliche Ausnahme von dieser Regel ist alle Jahre wieder der Genfer Automobilsalon mit seiner fast familiären Atmosphäre und dem Hauch von Frühling rund um den See.

Was liegt da näher, als bei dieser großen Schau in der Schweiz ein Auto in den Mittelpunkt zu stellen, das für Familien und Freizeit maßgeschneidert ist? Außerdem wird Einblick in die Sicherheitstechnik geboten.

Da Sie mit Sicherheit nicht nur zum Thema Sicherheit einige Fragen haben, ist unser Presse-Team auch in Genf vor Ort, um sie zu beantworten. Wir freuen uns auf die Gelegenheit zum Gespräch ...

Quelle: Frei und gekürzt nach einem Schreiben der Toyota Deutschland GmbH, Köln.

> Welchen besonderen Service könnten Sie der Presse während einer Messe anbieten?
> Ist es möglich, die Presse einmal außerhalb des Messegeländes einzuladen?

Presse-Club

Das Presse-Team der Hauptabteilung Öffentlichkeitsarbeit von Toyota hat zur Internationalen Automobilausstellung nach Frankfurt eingeladen. Nicht nur zum Presse-Empfang, sondern auch zum angenehmen Aufenthalt im Presse-Club. Der Brief an die Journalisten:

»Liebe Kolleginnen und Kollegen,
hier ein Gespräch, dort ein Gespräch, dann eine Tasse Kaffee und schnell weiter zur nächsten Presse-Konferenz. Ach ja, und zum verabredeten Treffen mit dem Herrn vom Vorstand muss man ja auch noch – verdammt knapp alles und eine elende Hetzerei, aber so sind sie nun einmal, die Presse-Tage auf einer Messe. Doch so müssen sie nicht sein. Zumindest nicht ab 18.45 Uhr. Denn auch in diesem Jahr gibt es abends wieder ein ruhiges Plätzchen in Frankfurt. Wir freuen uns, wenn Sie dort unser Gast sind und laden Sie herzlich zu einem Abend im Club ein. Wie Sie den Weg zur Entspannung auf der Terrasse im Grünen oder in den gemütlichen Räumen finden, zeigt Ihnen die Skizze. Möchten Sie auf das eigene Auto verzichten? Dann holt Sie unser Shuttle-Service gerne vor dem Hotel ab.
Wir vom Presse-Team freuen uns auf ein Wiedersehen mit Ihnen im Club oder beim Presse-Empfang am … um … Uhr auf unserem Stand Nr. … in Halle …

Quelle: Frei nach einer Information der Toyota Deutschland AG, Köln.

> Welche Themen könnten Sie in einer Messe-Nachlese herausgeben?

Messe-Rückblick

Für Messe-Einladungen und umfangreiche Presse-Mappen wird zur Messe häufig viel Aufwand betrieben. Die Presse-Trommel wird vor und während der Messe gerührt. Höchst selten erfolgt in der Presse-Arbeit ein Rückblick auf die Messe. Wie so etwas aussehen könnte, zeigt das folgende Beispiel:

... es ist nicht immer leicht, kurz nach einer wichtigen Messe von Erfolg oder Misserfolg zu sprechen. Nachvollziehbar ist zunächst nur die Statistik, die eine Auskunft über den quantitativen Messeerfolg gibt. Sie weist bei Sedus Stoll bei der diesjährigen Orgatec ein Besucherplus von 14% aus. Das freut uns natürlich. Aber das allein kann nicht alles sein.

Was wirklich zählt, sind Gespräche mit Fachhandelspartnern und Kunden, mit Wettbewerbern und Redakteuren. Diese lassen sich nicht messen aber lassen uns trotz Konjunkturschwäche positiv in die Zukunft blicken.

Bestärkt wurde Sedus in seiner Haltung zur Fachhandelstreue. Im Erfahrungsspiegel »Bürohersteller« erhielten wir erneut den ersten Preis. Ein paar Zeilen über diese Preisverleihung folgen in der Presse-Info.

Quelle: Frei und gekürzt nach einem Schreiben der Sedus, Christof Stoll GmbH & Co. KG, Geschäftsleitung Marketing/Gesamtvertrieb, Waldshut.

> Welche Druckwerke könnten Sie der Presse zur Bespre-
> chung anbieten (Bücher, Kataloge, Geschäftsberichte,
> Portraits)?

Rezensiosexemplare

Es müssen nicht nur Verlage sein, die Bücher zur Besprechung versenden.
Mehr Freude, ein Buch oder ein anderes Druckwerk zu rezen-
sieren, weckt dieser Begleitbrief:

Liebe Kolleginnen und Kollegen,
schön, dass unsere Programmvorschau bei Ihnen Neugierde
geweckt hat: Hier liegt nun das angeforderte Rezensions-
exemplar vor Ihnen und wartet auf Ihre Besprechung. Damit
Sie ohne Schwierigkeiten direkt die bibliographischen
Angaben zur Hand haben, erhalten Sie mit diesem Brief
nochmals die entsprechenden Waschzettel.
Neben dem kritischen Begutachten der Bücher wünsche ich
Ihnen Freude beim Lesen!
Ich freue mich auf den Besprechungsbeleg und wünsche
Ihnen nun einen raschen Einstieg in hoffentlich schöne
Schmökerstunden.
Freundliche Grüße

Quelle: frei nach Loewes Verlag.

Wie fragen Sie beim Versand von Rezensionsexemplaren oder Testmustern nach?

Nachfassbriefe

Nur wenige Firmen fragen bei Journalisten nach, was aus dem angeforderten Testmuster oder Besprechungsexemplar geworden ist.

Nachfassbriefe verschickt beispielsweise der WRS Verlag. Hier ein Beispiel:

Liebe Kolleginnen und Kollegen,
können Sie uns weiterhelfen?
Sie interessierten sich im Januar für das Rezensionsexemplar XY. Natürlich interessiert uns Ihre Buchbesprechung. Gerne möchten wir sie lesen. Ein Belegexemplar liegt uns aber nicht vor. Haben Sie es besprochen? Wenn ja: Bitte senden Sie uns die Information.
Schon jetzt besten Dank!
Freundliche Grüße

Quelle: frei nach WRS Verlag

Was unternehmen Sie, wenn die Leihfrist eines Testmusters abgelaufen ist?

Leihgeräte

Meist sind es Fachjournalisten, die Produkte zum persönlichen Test oder zum Labortest in der Redaktion anfordern, um über Erfahrungen und Ergebnisse berichten zu können. Nach Ablauf einer Leihfrist werden die Testmuster meist anstandslos zurückgeschickt. In der Hektik des Alltages in einer Redaktion kann das aber auch einmal vergessen werden. Die FAST Electronic GmbH, Anbieter von Erweiterungs-Boards für Computer, verschickt in einem solchen Fall eine sehr nette Erinnerung:

... liegt es daran, dass das Testmuster im Computer-Gehäuse so gut versteckt liegt, oder haben Sie es in Ihrer Begeisterung einfach vergessen?
Ihre Leihfrist ist abgelaufen.
Da nicht nur unsere Produkte, sondern auch unsere Buchhaltung kompromisslos ist, bitten wir Sie, das geliehene Muster zurückzusenden – auch wenn es schwer fällt.

Quelle: Frei und gekürzt nach einer Information der FAST Electronic GmbH, München

Wenn Ihr Verteiler grundlegend aktualisiert oder neu aufgebaut werden soll:
Welche Details lassen sich per Fragebogen ermitteln?

Verteiler aktualisieren

Der Presse-Verteiler ist die wichtigste Kontaktbrücke zu den
Redaktionen und Journalisten. Zur grundlegenden Aktuali-
sierung empfiehlt es sich, die Redaktionen mit einem Fragebogen anzuschreiben. Für die Rücksendung des Fragebogens sollte ein Freiumschlag vorbereitet werden. Als
zusätzliches Dankeschön können zum Beispiel unter allen
Rückantworten Gewinne verlost werden. Hier ein Beispiel
eines Fragebogens, der neben der Abfrage der Adresse
weitere Fragen enthält:

Wer ist bei Ihnen für ... zuständig?
Bitte Ressort und Namen angeben:
Ich benötige Informationen aus folgenden Bereichen:
❏ *Neuvorstellungen*
❏ *Wirtschaftsthemen*
usw.
Texte von Presse-Mappen benötige ich
❏ *gedruckt*   ❏ *auf Diskette*   ❏ *per E-Mail*
Als Betriebssystem bevorzuge ich:
❏ *Windows*   ❏ *Macintosh*
Nur Rundfunk/Fernsehjournalisten:
Videomaterial benötige ich auf folgendem System:

Belegexemplare

Da Ausschnitt-Dienste in der Regel nicht alle Veröffent-lichungen erfassen können, hilft zum Beispiel folgender Brief zur Vervollständigung des Presse-Spiegels:

… *»Abdruck frei – Beleg erbeten« – so steht es oft auf Presse-Informationen. Der erste Teil geht häufig in Erfüllung, der zweite Teil bleibt meist nur ein Wunsch. Umso mehr freuen wir uns über jedes Belegexemplar. Nicht zuletzt auch deshalb, weil in unserem umfangreichen Presse-Verteiler viele Titel sind, von denen wir noch nie (oder schon lange nicht mehr) ein »leibhaftiges« Exemplar gesehen haben.*

Deshalb unsere Bitte an Sie:

Wenn Sie eine unserer aktuellen Presse-Informationen ver-öffentlichen oder soeben veröffentlicht haben (auch wenn es »nur« ein Bild mit Nachweis ist), senden Sie uns doch einmal ein Exemplar der betreffenden Ausgabe zu. Damit würde nicht nur unsere Abdruckbilanz verbessert, sondern wir ler-nen auch Ihre Publikation besser kennen …

PS: Wir bedanken uns nicht nur im Voraus, sondern auch im Nachhinein – bei allen, die uns bisher mit Belegexemplaren »versorgt« haben.

Quelle: Frei und gekürzt nach einem Brief von Newspoint, Düsseldorf.

So gestalten Sie Ihre Presse-Information

Eine Presse-Information übermittelt mehr als nur eine Nachricht. Sie steht stellvertretend für ein persönliches Presse-Gespräch. Wenn Sie mit Journalisten sprechen, hört man Ihnen zu. Wenn Ihre Presse-Information für Sie spricht, ist das nicht immer der Fall. Darum ist es wichtig, alles zu berücksichtigen, was eine überzeugende Aussendung haben muss: lesenswerte Themen, perfekten Stil, ein einprägsames Lay-out und adäquates Papier.

Eine Presse-Information liest man nicht nur. Man fühlt ihr Papier, hört ihr Rascheln, sieht ihre Farbe. Die Presse-Info ist auch Ihre Visitenkarte. Sie prägt Image und Erscheinungsbild der Presse-Abteilung bzw. des ganzen Unternehmens. Presse-Informationen vermitteln auf den ersten Blick, schon beim Öffnen des Umschlages, wesentliche Wertbegriffe: bedeutend oder unwichtig, groß oder klein, zuverlässig oder unzuverlässig, modern oder antiquiert.

Zeitgemäße Form

Ungeachtet ihres Informationsgehaltes ist die Presse-Information zugleich eine Botschaft, die das Image des Absenders in den Redaktionen nachhaltig prägen hilft. Was aber heißt »zeitgemäße Form«? Eine nach allen Regeln, die wir kennen, eine, die so ist, »wie es sich gehört«? Oder ist es eine, die davon abweicht?

Abweichungen allein genügen sicher nicht. Fest steht, dass Presse-Informationen neben dem Aspekt der Konzentration auf Fakten um so bessere Abdruckchancen haben, je konsequenter sie sich auch in ihrer äußeren Form (in der Gestaltung) abheben und sich an journalistischen Erfordernissen orientieren. Die richtige grafische Form erleichtert dem Redakteur die Arbeit.

Der vorgedruckte Briefkopf einer Presse-Information muss klar, übersichtlich und einprägsam sein. Wer langfristig einen unverwechselbaren »Markenartikel« seiner Presse-Informationen schaffen will, muss jeder Presse-Aussendung das gleiche Erscheinungsbild geben. Das beginnt bei der Wahl der Papiersorte und endet bei der Gestaltung des Schriftzuges »Presse-Information«.

Zwischen gedrucktem Kopf und Presse-Text, am rechten Rand und zwischen den Zeilen muss dem Redakteur genug Freiraum für Korrekturen und Satzanweisungen bleiben:

1. Text mit eineinhalbfachem Zeilenabstand schreiben.
2. Breiten Korrekturrand auf der rechten Seite lassen, mindestens 4 cm.
3. Ausreichend breiten Heftrand auf der linken Seite lassen, mindestens 2,5 cm.
4. Zeilenbreite maximal 60 Anschläge pro Zeile.
5. Ausschließlich einseitig bedrucken. Für umfangreichere Texte Folgeseiten verwenden.

Ansprechpartner

Wer anonym kommuniziert, findet wenig Vertrauen. Ihr Medienpartner muss Ihre volle Anschrift kennen. Die Presse-Information soll alle Angaben enthalten, die der Journalist für seine Arbeit braucht:

- Genaue Bezeichnung des Unternehmens, Verbandes, Instituts o. ä.
- Vollständige Anschrift (nicht nur die Postfach-Adresse sondern auch die Straße), jeweils mit der Postleitzahl.
- Name des Ansprechpartners.
- Telefon, Fax und E-Mail des Ansprechpartners (Vorwahl- und Durchwahlnummer) sowie Nummern der sonstigen Kommunikationsmedien (Modem, DFÜ etc.).
- Ort und Ausgabedatum.

Ausgabedatum

Unverzichtbar ist das Ausgabedatum auf jeder Presse-Information. Negativer Effekt wäre beispielsweise, wenn eine alte Info versehentlich in dem Berg neuer Manuskripte landet und somit auch veröffentlicht wird. Das bringt nicht nur der Redaktion sondern auch dem Informationslieferanten Scherereien. Oder die Info wird ad acta gelegt, obwohl sie neu ist.

Anschläge pro Zeile

Manche Presse-Informationen weisen am Textende auf die Zahl der Zeilen und der Anschläge je Zeile hin. Das soll die Umrechnung in Druckzeilen erleichtern. Da aber kein Text einfach nur »nachgedruckt« wird, kann dieser Service ruhig vernachlässigt werden.

Sperrfristen

In der Regel sind die Presse-Informationen zur sofortigen Veröffentlichung bestimmt. Nur in Ausnahmefällen (und daran sollten Sie sich unbedingt halten), kann eine »Sperrfrist« notwendig werden. Das kann eine Vorabinfo sein, die nicht vor einem bestimmten Datum publiziert werden darf (z. B. Manuskripte von Reden, die noch gehalten oder Messe-Neuheiten, die erst noch vorgestellt werden). In solchen Fällen muss das Manuskript deutlich gekennzeichnet werden. Vorschläge:

Frei ab 23. 07. 2001
Sperrfrist: nicht vor dem 23. 07. 2001 veröffentlichen
Bitte beachten Sie die Sperrfrist: Texte sind frei für Ihr Augustheft

Kurz-Check:
Ist eine Sperrfrist wirklich erforderlich?
Sind Postlaufzeiten (evtl. Redaktionsschlusszeiten) berücksichtigt?
Ist ein bestimmter Versandtermin unbedingt notwendig?

Belegexemplar-Vermerk

Am Ende der Presse-Information empfiehlt sich ein Hinweis, in dem Sie um ein Belegexemplar bitten. In bürokratischem Deutsch klingt das so: »Beleg(e) erbeten«. Der Befehlston »Frei zur Veröffentlichung gegen Beleg« ist unpassend. Ganz nach Bestechung klingt: »Beleg mit Rechnung erbeten«.

> Wir freuen uns über einen Beleg!

> Bitte senden Sie uns ein Belegexemplar.

> Bei Veröffentlichung freuen wir uns über
> einen Beleg (es dürfen auch zwei sein).

Nur wenige Publikationen – meist Fachzeitschriften – erfüllen diese Bitte. Für Tageszeitungen und Publikumspresse bieten sich so genannte Ausschnittdienste an. Diese Büros beobachten nach vorgegebenen Stichworten oder nach Vorlage Ihrer Presse-Aussendung Ihre Veröffentlichungen – und falls gewünscht auch die des Wettbewerbers – in Printmedien. Von den Veröffentlichungen erhalten Sie dann die Seiten-Ausschnitte mit Nennung des Titels und der Auflage. Es lohnt sich, mindestens zwei Dienste gleichzeitig zu beauftragen, um die »Trefferquote« möglichst hoch zu halten. Denn nicht alle Veröffentlichungen werden bei der Vielzahl der Medien und der Auftraggeber tatsächlich registriert.

3 Tipps für den Presse-Texter

1. Blockade lösen:

- Überhaupt mal anfangen
- Ideen festhalten
- Lust am Schreiben nutzen
- Gefühle ausdrücken
- Stil lockern
- Umgebung wechseln
- Zeitdruck lösen

2. »Freewriting« starten:

- Einfach drauflosschreiben, erst später korrigieren
- Nonstop schreiben
- Rechtschreibung zunächst vergessen
- Grammatik erst einmal ignorieren
- durch Texte willkürlich springen und zwischendurch immer wieder ausdrucken und durchlesen. Schwarz auf Weiß: Das eröffnet neue Horizonte!

3. Authentisch bleiben:

1. Schreiben Sie in Ihrem Sprachstil
2. Meiden Sie eine Anhäufung von Fremdwörtern
3. Wählen Sie eine verständliche, anschauliche Sprache
4. Verbannen Sie Kaufmanns- und Beamtendeutsch

4 Blockaden-Knacker

1. Die inspirative Umgebung:

- Arbeitsplatz tauschen
- Bürostuhl wechseln
- Alternative Sitzgelegenheit beschaffen
- Draußen schreiben
- Unterwegs texten

2. Die wichtigsten Arbeitsmittel:

DUDEN Band 2:   Stilwörterbuch
DUDEN Band 8:   Sinn- und sachverwandte Wörter
Das treffende Wort, Ott Verlag, Thun
Der treffende Vergleich, Ott Verlag, Thun
Z-Die Worte der Welt, CD-ROM, amc-Medien, Köln
Floskel-Scanner©, www.floskelscanner.de
Branchenfremde Briefe, Presse-Infos, Prospekte,
Anzeigen etc.

3. Die Technik des Brainstormings:

- Alles aufschreiben, was Ihnen einfällt (Reihenfolge spielt zunächst keine Rolle).
- Keinen Anspruch auf Vollständigkeit stellen.
- In Stichworten schreiben.
- Stichworte in Gruppen zusammenfassen.
- Überschriften zu jeder Gruppe bilden.
- Gruppen in der logischen Reihenfolge sortieren.
- Gliederung aufbauen.
- Stichworte mit Texten auskleiden.

4. Einleitung mit Knalleffekt:

- Frappierende Statistik
- Zitate und Verse
- Verblüffende Behauptung
- Kontroverse Gedanken
- Einstieg mit einer These
- Feinsinniger Humor

Aufbau einer Presse-Information

Presse-Informationen sind Nachrichten oder Berichte, die aktuelle Sachverhalte in verständlicher Sprache von allgemeinem Interesse wiedergeben. Die Mindestanforderungen:

1. Aktuelles Thema
2. Allgemein verständlich
3. Objektiv berichtet
4. Übersichtlich aufgebaut
5. Verständlich geschrieben

Schreiben Sie Presse-Informationen,
damit sie gelesen werden,
und nicht um des Schreibens willen!

Verständlich Schreiben heißt: Kurzweilige Sätze richtig aufbauen, grammatikalisch richtig verbinden, treffende Wörter benutzen, die neue Rechtschreibung beherrschen und sinnvoll gliedern.

Werbefloskeln haben in Presse-Texten nichts zu suchen. Ein Firmen- oder Produktname sollte am besten nur einmal im ganzen Text erwähnt werden. Vermeiden Sie Superlative wie »einmalig«, »erstmalig« oder »bestens«. Nur wenn es eindeutig belegbar ist, können Sie von der »bekannten Marke« oder dem »führenden Unternehmen« schreiben. Begriffe wie »innovativ« werden als leer empfunden, weil sie inflationär gebraucht und missbraucht werden.

So steigen Sie ein:

Geben Sie in jeder Presse-Information Antworten auf folgende Fragen:

Höhepunkt	Was?
nähere Umstände	Wer?
	Wo?
	Wann?
Einzelheiten	Warum?
	Wie?

Im Gegensatz zum klassischen rhetorischen Muster (z. B. Schulaufsatz, Überzeugungsrede mit Einleitung, Hauptteil, Schlussteil) gehören die wesentlichen Fakten einer Presse-Information immer in den ersten Absatz. Nur dann kann der Redakteur blitzschnell einschätzen, um was es geht und kann an jeder beliebigen Stelle die Presse-Info ohne großen Aufwand kürzen. Meist erfolgt das Kürzen von hinten her.

So stellen Sie ein Produkt vor

Subjekt – Prädikat – Objekt
Phantasia stellt zur Regio-Messe in Musterstadt ein neues biologisches Verpackungsmaterial vor.

Objekt – Prädikat – Subjekt
Ein neues biologisches Verpackungsmaterial stellt Phantasia zur Regio-Messe in Musterstadt vor.

Die zweite Variante ist zum Lesen eindeutig die bessere, da es gleich zur Sache geht. Das Reizwort »biologisch« erscheint schon an zweiter Stelle. Im Mündlichen (Statements und Interviews) gilt die erste Variante: Das Thema nach vorn, der Satzkern im zweiten Teil.

Nehmen wir an, der Firmenchef hält zur Regio-Messe einen Vortrag. Ihre Möglichkeit darüber zu berichten:

Über »biologisches Verpackungsmaterial und deren ökologischen Nutzen« sprach Firmenchef X am Eröffnungstag der Regio-Messe in Musterstadt.

Oder:

»Biologisches Verpackungsmaterial und dessen ökologischen Nutzen«, so lautete das Thema eines Vortrages, den Firmenchef X am Eröffnungstag der Regio-Messe in Musterstadt hielt.

Oder:

Suchen Sie einen prägnanten Auszug aus dem Vortrag und setzen Sie ihn an den Anfang:

»Das Abfallproblem ist nicht aufzuhalten, wenn wir so weitermachen«, betonte Firmenchef X in seinem Vortrag über »Biologisches Verpackungsmaterial und dessen ökologischen Nutzen«, den er am Eröffnungstag der Regio-Messe in Musterstadt hielt.

So gestalten Sie Interessen-Wecker: Headlines

Langweilig:
Neues Verpackungsmaterial von X
Wenig originell:
Umweltfreundlich – das ökologische Verpackungsmaterial von X
Anregend:
Verpackungsmüll ade?
Dynamisch:
Kleine Papierkugeln – großer Umweltnutzen

Mit der folgenden Checkliste finden Sie schnell für jeden Anlass die passende Headline. Auch wenn Ihnen die eine oder andere Formulierung nach Werbung klingen mag. Denken Sie daran: Sie wollen mit Ihrem Brief oder mit einer Presse-Information Neugier und Interesse wecken!
1. Kreuzen Sie an, welche der folgenden Varianten Ihnen am besten zusagen.
2. Formulieren Sie zu jeder ausgewählten Form Ihre Headline. In den folgenden Beispielen sind zur Gegenüberstellung willkürlich die Themen »Büromöbel« und »Fertighaus« herausgegriffen worden. Es dürfte Ihnen leicht fallen – und sicher auch Spaß machen –, die Beispiele für Ihren Bereich treffend umzutexten.

plausibel

»1000 Ärzte können sich nicht irren«
»1000 Bauherren können sich nicht irren«

moralisch

»Das Recht auf einen wohnlichen Arbeitsplatz steht auf der Seite des Managers.«

»Das Recht auf eine saubere Baustelle und auf schnelle Handwerker steht auf der Seite der Bauherren.«

rational

»100% mehr Leistung mit dem Büro XY«

»Schon 1 Woche nach dem Richtfest einziehen.«

wissenschaftlich

»Das XY-Institut hat herausgefunden, daß 80% der Mitarbeitermotivation von der Arbeitsplatzgestaltung beeinflusst wird.«

»Der XY-Verband hat herausgefunden, daß 70% aller Bauherren ...«

erzählend

»Klaus M. (29) – eine Erfolgskarriere«

»Klaus M. (29) – eine Bauherrenkarriere«

emotional

»Über das Gefühl, an einem XY-Schreibtisch zu managen.«

»Über das Gefühl, in einem Holzhaus zu leben.«

empfehlend

»Der führende Verband für Wohnkultur empfiehlt ...«

»Die führende Zeitschrift für Fertighäuser empfiehlt ...«

schockierend

»Deutschlands Manager verzweifeln an ihren Schreib-tischen.« Eine Umfrage von XY hat ergeben, dass…
»Deutschlands Bauherren verzweifeln an der Unzuver-lässigkeit vieler Handwerker.«
Eine Umfrage von XY hat ergeben, dass…

offensiv pro

»Das Einsteiger-Büro für Aufsteiger«
»Das Einsteiger-Haus für Aufsteiger«

defensiv kontra

»Ohne Büro-Empfang? Das macht keinen guten Ein-druck…«
»Keine eigenen vier Wände? Das schafft ein ungutes Gefühl…«

alleinstellend

»Ganz bescheiden angemerkt: Praxis-Möbel von XY sind Deutschlands Nummer 1 bei Dr. dent. und Dr. med.«
»Nebenbei bemerkt: XY ist Deutschlands Nummer 1 bei Fertighaus-Bauherren.«

kooperierend

»Von YZ das Kommunikations-Coaching, von XY den Anti-Hierarchle-Tisch.«
»Von ZY das ganze Haus, von XY die gesamte Heiztechnik.«

So texten Sie leseleichte Presse-Texte

1. Einfache, kurze Wörter verwenden

zu lang: kürzer:
   Zusammenkunft   *Treffen*
   folgendermaßen   *wie folgt*
   des öfteren   *öfters*
   übersenden   *senden*

2. Zusammengesetzte Substantive trennen

Wirtschaftlichkeitsüberlegungen
besser: *Überlegungen zur Wirtschaftlichkeit*

Unsere Unternehmenszielsetzung lautet…
besser: *Unsere Unternehmensziele:*

Hier ist Ihre Presseinformationsmappe.
besser: *Hier sind die Presse-Informationen.*

3. Substantive durch Verben ersetzen

passiv: aktiv:
Information zukommen lassen   *informieren*
die Anmeldung übersenden   *anmelden*
zur Auswertung bringen   *auswerten*
in Bearbeitung befindlich   *wird bearbeitet*

4. Ein Gedanke pro Satz

Lange Sätze in mehrere Hauptsätze teilen!
Denn:
Presse-Informationen kommen meist ungebeten.
Jeder verstandene Satz öffnet eine Interessen-Tür.
Unverständliche Sätze schließen Schranken.

5. Das Wichtige nach vorn

Zu lang:
*Durch eine Untersuchung wurde nachgewiesen, dass für
55% der befragten Büro-Angestellten mangelhafte Fähigkeit
in der schriftlichen Kommunikation ein Problem ist.*

Besser und kürzer:
*Für 55% der Büro-Angestellten ist mangelhafte Fähigkeit in
der schriftlichen Kommunikation ein Problem. Das wurde
durch eine Befragung nachgewiesen.*

6. Keine Verlegenheitsfloskeln vorschieben

Nicht so:
*Wir möchten Sie höflichst bitten, uns die Antwortkarte bis
23.6. zurückzusenden.*

Sondern so:
Bitte senden Sie uns die Antwortkarte bis 23.6. zurück.

7. Maximal 10 Wörter / 20 Silben pro Satz

Dennoch: Kein Telegrammstil!

8. Aktiv schreiben

Passivsätze wirken langatmig!

Wir möchten darum bitten…
Bitte…

Die Dias zur Lieferung bringen…
Wir liefern…

Wir bitten um Beantwortung
Beantworten Sie bitte…

9. Absätze kürzen

1 Gedankengang pro Absatz!
Absatzlänge: max. 6 Zeilen à 60 Anschläge
Das signalisiert dem Leser:
Dieser Text liest sich leicht und zügig.

Text-Rhetorik

Im Gespräch mit Journalisten haben Sie viele Wirkungsmöglichkeiten: Ausstrahlung, Aussehen, Mimik, Gestik, Körpersprache, Tonfall, Klang usw.

Welche Wirkungen können Sie mit Schriftsprache erzielen?

Ihre Text-Strategie:

Strategie
Zielgruppen- und bedarfsorientiertes Denken.

Bevor Sie eine Presse-Info verfassen, sollten Sie analysieren, welche Erwartungshaltungen die Empfänger haben könnten:

Erwartungen – **der Redaktion**
                  – **des Journalisten**
                  – **des Lesers**

Welche Erwartungen sollten im Presse-Text besonders berücksichtigt werden?

1. Mögliche Erwartungen bei verbraucherorientierten Themen:

Wenn Sie über ein Produkt informieren:

Material, Form, Farbe, Oberfläche u. a.

Wenn Sie über Technik informieren:

Funktionsbasis, Kombinationen, Umwelt-Harmonie, physiologische Anpassung u. a.

Wenn Sie über die Bedienung informieren:

Transport, Lagerung, Montage, Wartung, Ersatzteile, Zubehör, Beseitigung u. a.

Wenn Sie über Ökonomie informieren:

Lebensdauer, Service, Verbrauch, Wertverlust u. a.

Wenn Sie über Empfindung informieren:

Wertigkeit, Zeit, Atmosphäre, Vertrauen, Überlegenheit u. a.

Wenn Sie über den möglichen Antrieb informieren:

Gesundheit, Sicherheit, Selbstbestätigung, Geselligkeit, Neugierde, sich erfreuen, einfach tun, besitzen wollen u. a.

2. Mögliche Erwartungen bei branchenorientierten Themen

Wenn Sie über den Kundendienst informieren:

Montage, Wartung, Reparatur, Ersatzteile, Ort und Form der Durchführung, Bedingungen u. a.

Wenn Sie über Garantien informieren:

Umfang, Dauer, Durchführung u. a.

Wenn Sie über den Vertrieb informieren:

Eingrenzungen (regional, Branche etc.), Vorrätigkeit, Liefer-
zeit, Lieferung u. a.

Wenn Sie über den Preis informieren:

Preisgestaltung, Preiskonstanz, Rabatte, Zahlungsbedingun-
gen u. a.

Wenn Sie über Informationsmaterial
schreiben:

Informationsstreuung, -gehalt, -mittel, -zeitraum u. a.

So gestalten Sie ein Presse-Foto

Erste Empfehlung:

Mit Qualität auffallen!

Bei der Gestaltung eines Presse-Fotos muss von vornherein feststehen, was mit einem Bild erreicht werden soll. Einige Möglichkeiten:

– Möchten Sie bei der Redaktion bzw. beim Leser erreichen, dass Ihre Botschaft glaubwürdig erscheint?
Wenn ja: Gut geeignet hierfür sind vergleichende Fotos (z. B. vor einer Anwendung und nach einer Anwendung).

– Ist es Ihr Ziel, durch visuelle Beispiele Ihre Botschaft verständlicher zu machen?
Wenn ja: Sachfotos, Schaubilder, Grafiken und Zeichnungen sind hierfür gut geeignet.

– Oder ist durch die Visualierung Aufmerksamkeit und Dramaturgie beabsichtigt?
Wenn ja: Dann sind Bildmontagen oder Anwendungsfotos mit Personen im Studio oder im Freien empfehlenswert.

Zu dieser inhaltlichen Strategie reiht sich der formale Aufbau:

Formate und Beschaffenheit

Das übliche Format für Papierbilder ist 13 x 18 cm. Optisch auffälliger, aber weniger archivierungsfreundlich sind Vergrößerungen im Format 18 x 24 cm. Winzige Albumfotos im Format 6 x 9 cm oder 10 x 12 cm sind für die Presse kaum tauglich.

Weißes, hochglänzendes Fotopapier ohne Rand ist Standard. Nur wenige Firmen verwenden eine matte Papieroberfläche, die weniger gerne gesehen wird, da die Reproanstalten auf Hochglanz eingestellt sind. »Härtere« Fotopapiere sind den »weichen« und somit kontrastärmeren Vergrößerungen vorzuziehen.

Querformatige Fotos können einspaltig nur klein wiedergegeben werden, hochformatige Fotos sind einspaltig erheblich größer.

Schwarzweiß oder Farbe

Wer den Abdruck von Farbfotos anbietet, sollte am besten Diapositive anbieten, keine Papierabzüge. Tageszeitungen bevorzugen in der Regel Schwarzweiß-Fotos.

Die Veröffentlichungschancen bei Illustrierten und farbigen Magazinen sind erheblich größer, wenn Sie den Redaktionen Farbdias anbieten. Dazu bietet sich zum Beispiel der Begleitbrief an:

... Zu diesem Thema haben wir auch Farb-Dias für Sie. Bitte rufen Sie bei Bedarf an.

... Sollten Sie farbiges Bildmaterial benötigen, zögern Sie nicht, uns sofort anzusprechen.

... Für Ihre Berichterstattung haben wir Ihnen zwei Fotomotive mitgeschickt. Falls Sie diese als Dias benötigen, rufen Sie uns doch bitte einfach kurz unter der Telefonnummer 0 99/22 15 23 an.

… Außerdem wissen Sie ja: Wenn Sie Fragen haben oder Diamaterial brauchen, rufen Sie uns bitte an.

… Wenn Sie digitale Farbfotos verwenden wollen, rufen Sie bitte an.

… Es wäre schön, wenn Sie Ihren Lesern dieses Thema nicht vorenthalten. Bei Bedarf versorgen wir Sie auch gerne mit Farbmaterial.

Schwarz-Weiß oder Farbe? Die Antwort ist nicht allein davon abhängig, was die Redaktion bevorzugt. Je nach Motiv kann die Entscheidung *generell* für Farbe oder für Schwarzweiß ausfallen (z. B. bei der Wiedergabe von Modefarben).

Natürlich spielt auch die Etat-Frage eine Rolle. Das Duplizieren von Kleinbild-Dias, gerahmt im Kunststoffrahmen mit einfarbigem Aufdruck ist übrigens preiswerter als die Herstellung von schwarzweißen Papierfotos im Format 13 x 18 cm mit Aufdruck. Noch günstiger ist die CD-ROM.

Bildunterschriften

Zu jedem Presse-Foto gehört auch ein kurzer Text, die Bildunterschrift. Bei Papierfotos kann er zum Beispiel auf die Rückseite aufgeklebt oder aufgedruckt werden. Auch auf Diarähmchen lassen sich Kurztexte aufdrucken. Sind die Bildunterschriften umfangreicher, empfiehlt es sich, sie auf ein separates Blatt zu drucken.

Praktisch für die Redaktion ist, wenn die Bildunterschrift bei Papierfotos auf einem zweiteiligen Bildzettel zweimal untereinander erscheint. Während der am Bild befestigte Teil des Bildzettels das Bildoriginal durch den technischen Prozess (z. B. Lithographie) und danach ins Archiv begleitet, kann der Redakteur den losen Teil des Bildzettels abreißen, als Skript verwenden, bearbeiten und gegebenenfalls in den Satz geben. Zur Archivierung ist dieses System recht gut, da eine Bildunterschrift stets beim Bild bleibt. Archiv- und Bestellnummern sind ebenfalls nützlich.

Vermerke und Hinweise

Zu jeder Bildunterschrift gehört auch der Quellennachweis mit der Nennung des Herausgebers und bei Bedarf auch des Fotografen.

Wichtig ist auch der Hinweis auf die honorarfreie Verwendbarkeit des Presse-Fotos. Beispiel:

Veröffentlichung frei.
Frei zur Veröffentlichung.
Veröffentlichung kostenlos.

Fotos konfektionieren

Das Bildmaterial muss so aufbereitet werden, dass es unbeschadet in den Redaktionen eintrifft. Es sollte so präsentiert werden, dass die Redaktion motiviert ist, das Material zu sichten.

Passepartouts
Der einfachste Weg zum Schutz der Bilder: Fotos zwischen zwei Pappen legen. Einen optisch besseren Eindruck vermitteln Passepartouts. Sie sorgen auch in der Redaktion für ein besseres Handling. Passepartouts lassen sich vielfältig gestalten. Klapp-Passepartouts für Papierfotos gibt es entweder zum Einkleben eines einzelnen Fotos oder mit Laschen, in die ein oder mehrere Fotos eingesteckt werden können.

Pergament-Fotohüllen
Preiswerte Hüllen aus Pergament-Papier lassen sich beliebig bedrucken.

Bildhüllen für Papierfotos
Eine preiswerte, neutrale Standardlösung sind Sichthüllen für Presse-Fotos.

Dias konfektionieren

Auch hier gilt das Gleiche, wie bei Papierfotos: Das Bildmaterial muss so aufbereitet werden, dass es unbeschadet in den Redaktionen eintrifft.

Hierzu bieten sich beispielsweise Klapp-Passepartouts mit Fenster an. Die Dias werden mit einer transparenten Schutzhülle in das Passepartout-Fenster eingeklebt. Die Klapp-Passepartouts sind in neutraler Form und in allen Formaten erhältlich. Mattschwarzer Fotokarton bringt die Dias voll zur Wirkung.

Bildhüllen für Diaserien
Diahüllen aus transparentem Kunststoff eignen sich sehr gut zur Kombination von mehreren Presse-Dias und Bilduntersschriften. Der Text (evtl. mit Titelseite) kann in eine Umschlagseite eingeschoben werden. Die Diarähmchen lassen sich zudem noch individuell bedrucken.

Elektronisches Bildmaterial

Viele Presse-Stellen bieten ihr Bildmaterial auch online an. Die Produktionskosten sind weitaus geringer. Zusätzlich kann man die kompletten Pressetexte, technische Daten und andere für die Presse nützliche Informationen wie zum Beispiel den Geschäftsbericht, Video- und Audio-Inhalte downloaden. Mit Hilfe dieser »elektronischen Pressemappe« stehen dem Redakteur Text, Bild und Ton direkt zur Weiterverarbeitung auf seinem Redaktionssystem zur Verfügung. Das erhöht natürlich die Chance einer Veröffentlichung.
Über ein komfortables Auswahlmenü kann der Journalist sich die Informationen heraussuchen, die ihn interessieren.

65 Kontrollfragen zur Presse-Aussendung

Organisatorisches

Anlass
- Ist eine schriftliche Mitteilung für den Anlass notwendig und lohnend?
- Sind die Möglichkeiten einer Presse-Mitteilung ausreichend, ist die gewünschte Wirkung zu erzielen?
- Ist eine bildliche Darstellung (Foto, Grafik) erforderlich und zweckmäßig?
- Ist der Termin richtig gewählt (anlassorientiert)?

Rechtliche Fragen
- Werden in den textlichen und bildlichen Aussagen Persönlichkeitsrechte berührt?
- Werden juristische Sachverhalte angesprochen?
- Muss vor einer Veröffentlichung die Einwilligung von Kooperationspartnern, Lizenzgebern, Auftraggebern o.ä. eingeholt werden?
- Können patentrechtliche Probleme auftreten?

Termine und Fristen
- Ist die Angabe einer Sperrfrist notwendig und sinnvoll?
- Wurden bei der Zeitplanung die Erstellungs-, Produktions- und Postlaufzeiten berücksichtigt?
- Muss ein bestimmter Versandtermin vorgegeben werden (z.B. Wochenende)?

Äußere Form
- Absender deutlich erkenn- und lesbar?
- Ansprechpartner mit Name und Telefon angegeben?
- Sind alle Angaben zur Firma auf dem neuesten Stand?
- Wurde das richtige Datum eingetragen?
- Sind die Abzüge (Kopien) sauber und lesbar?
- Sind alle erwähnten Anlagen enthalten?

Streuung und Versand
– Wurde der richtige Verteiler ausgewählt, entsprechend des Anlasses und des Inhaltes?
– Sind die Verteilergruppen vollständig erfasst?
– Sind in der Anschrift die richtige Redaktion und das richtige Ressort angegeben?
– Sind die Anschriften auf dem neuesten Stand?
– Ist gewährleistet, dass persönlich Angesprochene auch noch in der Redaktion sind?
– Ist die Art der Versendung dem Anlass angemessen (Umschlagformat, Drucksache, Eilzustellung, Fax, E-Mail)?

So vermeiden Sie Fehler
– Schreiben Sie Ihren Firmennamen immer so, wie er nach deutschem Recht geschrieben wird (also keine Großbuchstaben nur zur Hervorhebung).
– Für alle Bestandteile der Aussendung ein einheitliches Schriftbild wählen.
– Nennen Sie bei der Angabe von nicht-firmenbezogenen Zahlen die Quelle.
– Auf allen Bestandteilen der Aussendung muss sich das Datum befinden.

Die Presse-Mappe
Außen:
– Wurde das Firmenlogo/-symbol bewusst mit einbezogen oder weggelassen?
– Entspricht die Farbgestaltung dem Corporate Design oder weicht sie bewusst ab?
– Muss der Firmenname auf der Presse-Mappe stehen oder ist eine neutrale Version vorzuziehen?

Innen:
– Besteht eine Einlegemöglichkeit für Textblätter?
– Ist eine Einstecktasche für Fotos oder CD-ROMs erforderlich?

Der Briefkopf
– Ordentlicher Firmen-Briefbogen mit
– Firmenlogo/-symbol
– Anschrift, Telefon/Fax/E-Mail/Website

Das Begleitschreiben
– Richtige Anschrift des Adressaten (wenn bekannt, Postfach angeben, geht schneller).
– Möglichst den zuständigen Ansprechpartner nennen.
– Absendedatum
– Persönliche Anrede
– Kurze Erklärung, warum diese Presse-Aussendung stattfindet.
– Name des Unterzeichners, Funktion und Telefondurchwahl.
– Lesbare Unterschrift
– Hinweis, von wem weitere Informationen zu bekommen sind.

Der Text
– Als Presse-Information kennzeichnen.
– Überschrift
– Zeilenabstand eineinhalbzeilig
– Gut lesbare Schriftart und -größe.
– Rechter Rand zum Redigieren.
– Zwischenüberschriften zur Orientierung.
– Am Ende Datum, Ansprechpartner, Telefon-Durchwahl.
– Veröffentlichungsvermerk, Bitte um Belegexemplar(e).

Bilder und Fotos
– Richtiges Format (13 x 18), ausreichend hohe Bildauflösung bei TIFF-Dateien.
– Aufkleber mit bilderklärendem Text und Quellenhinweis auf die Rückseite, möglichst doppelt.
– Hinweis auf Veröffentlichungsrecht.

Sonstiges Material
– Ein paar Daten zu wichtigen, im Text erwähnten Personen.
– Beschreibungen der angesprochenen Produkte.
– Aktuelle Daten zum Unternehmen und zur Unternehmensleitung.
– Kurze Firmenhistorie

Nach der Presse-Aussendung
– Auf Anrufe vorbereitet sein, wenn weiterführendes Material bestellt wird (z. B. Presse-Verteiler griffbereit am Telefon).
– Auf Testmuster-Anforderungen vorbereitet sein.

IV Kontakt

So stellen Sie sich als Presse-Sprecher vor

1. Informieren Sie die Mitarbeiter im Unternehmen über Ihren »Zweitberuf«.
2. Informieren Sie die Presse und Öffentlichkeit über Ihre Funktion als Presse-Sprecher.

Die folgende Variante ist in der Praxis meist üblich – aber leider auch sehr trocken und langweilig:

Neuer Presse-Referent

Seit 1. Oktober ist XY als Referent in der Presse-Abteilung des Unternehmens YX in der Zentrale tätig ...

Hintergrund-Informationen über den Werdegang sind Mangelware. Hier ein besseres Beispiel einer Presse-Meldung:

Neue Presse-Sprecherin

XY, 49, ist jetzt Leiterin des Bereiches Presse-Arbeit. Damit ist eine wichtige Entscheidung für die interne und externe Darstellung der Aktivitäten im Unternehmen gefallen.
XY gehört seit 1986 dem Unternehmen an.
Am 23. 7. 49 in Wittingen geboren, studierte sie Soziologie und ist Mutter von zwei Kindern. Zusammen mit ihrer Familie steht in ihrer Freizeit Tennis, Mountainbiking, Ski- und Eislaufen ganz vorne an.

Ein weiteres Beispiel in Form eines persönlichen Schreibens:

»Kenntnisse vermitteln und Vertrauen erwerben«, zwei Ziele, die ich mir auf die Fahne meiner Presse-Arbeit geschrieben habe.

Ab sofort halte ich Sie auf dem laufenden. Kein Neuheiten-brei, keine Technik, aber jede Menge Themen rund um öko-logisches Bauen.

Schauen Sie sich gleich die Presse-Mappe an. Vielleicht we-cken die Inhalte spontane Ideen zu einem aufschlussreichen Beitrag.

Ich freue mich auf einen anregenden Dialog.

XY

Wenn Sie weitere Fotos oder Detail-Infos brauchen: Rufen Sie mich an. Fordern Sie mich!

Noch ein Vorschlag:

Presse-Meldung oder Brief durch zwei Fotos ergänzen. Neben einem Portrait-Foto ein zweites Foto anbieten, das den Presse-Sprecher z. B. beim Ausführen seiner Arbeit oder seines Hobbies zeigt. Als Bildunterschrift eignet sich ein kurzes Statement, z. B. was man unter Presse-Arbeit versteht.

Vor Mikrofon und Kamera

Grundkurs: Mündliche PR

Nicht alle Presse-Sprecher, ob im Zweitberuf oder nicht, können professionell sprechen. Allzu viele befragte Unternehmens- oder Verbandssprecher schwafeln, mauern oder stocken. Oder sie brüskieren Publikum und Reporter. Die Antwort ist zu lang oder kommt nicht auf den Punkt. Die Sprecher schwitzen in ihren Zahlen, steif und verschreckt präsentieren viele ihre »Botschaften«, anstatt wie richtige Menschen wiederum Menschen anzusprechen. So werden täglich Unternehmensimages zerstört – von den Sprechern selbst und in der Regel nicht von den Medien.

Das Publikum verträgt keine langweiligen oder ausweichenden Antworten. Kurz, klar und überzeugend reden, dieses Handwerk kann man lernen. Vor Mikrofon und Kamera und auch in Präsentationen verfängt die Sprache der Zeitung oder des Prospektes nicht. Das verlangt: Mündlichkeit mit Methode! Die folgenden vier Abschnitte geben Vorschläge für die wichtigsten Redesituationen in den Medien und deren Vorbereitung.

Statements

Die eingebaute Antwort

Für Hörfunk- und Fernsehbeiträge sind sogenannte Statements gefragt, Stellungnahme-Antworten oder O-Töne. Hier werden nur wenige Sätze in einen Radio- oder Fernsehbeitrag eingeschnitten. Dennoch beantwortet das Statement meist eine vorausgehende Frage, mit allen Gefahren. Deren

häufigste: dass die Frage eine Voraussetzung oder ein Reizwort enthält, welches die Antwort keineswegs aufgreifen
sollte. Es kommt im Statement vor allem darauf an, unter
extremen, teils unbekannten Bedingungen zu reden. Die
kurze Äußerung braucht eine medientaugliche Form. Sie
muss trotz Schnitt noch verständlich sein – kein Platz für
komplizierte Zahlen z.B. Und das Statement sollte den
Schnitt durch Kürze und Präzision unnötig machen.
Statements sind heute meist nicht länger als 20 Sekunden.
Das braucht Übung im timing, damit nicht schon deshalb
gekürzt werden muss.

Vorbereitung auf Statements

- ggf. Fragen vorschlagen, auf die hin Statements abge-
  geben werden können
- Zeit für Statement (in Sekunden!) erfragen bzw. besprechen
- Argumente sammeln und ordnen
- auf mehrere Fragen vorbereiten
- auf Karteikarten Stichwörter vorbereiten
- verschieden lange Statements vorbereiten
- Stringenz der Gedankenschritte prüfen
- nie auswendig lernen

Fragen und Vorschläge an die Reporter

- gemeinsam einen Ort auswählen, der keine ablenkenden
  Details zeigt, die ihrerseits interpretiert werden könnten
- darauf hinweisen, dass nicht von unten aufgenommen
  wird
- vorab über die Einstellungsgröße der Kamera reden
- Wiederholungen von missraten erscheinenden Äußerun-
  gen erbitten (wenn nicht live).

Hinweise zum Reden

- nicht die Frage wiederholen, nicht »wie schon gesagt«
- nicht den Reporter explizit anreden
- den Reporter ansehen und nicht die Kamera (keine Verkündigung!)
- im letzten Satz den Kern bringen
- auf einen Zielsatz beschränken, nur auf diesen hin argumentieren/darstellen
- keine Assoziationen
- aufrecht sitzen, nicht zurücklehnen oder vorbeugen, besser stehen
- nie lauter als im Gespräch
- kurze, mündliche Sätze

Interviews

Pointiert und kurz antworten

Vor dem Gespräch muss klar sein, ob der Befragte als Experte, als Betroffener oder zu seiner Rechtfertigung dem Publikum präsentiert wird. (Man unterscheidet hier Interviews zur Sache, zur Person und (kontroverse) Meinungsinterviews.) In diesen meist kurzen Gesprächen müssen die Sprecher schnell auf die wesentlichsten Aussagen kommen. Die Redeplanung muss schnell gehen, im Gespräch selbst. Hierfür wiederum ist es hilfreich, die Vorsortierung der Gedanken vorher wenigstens geübt zu haben. Ist das Interview im Gange, gilt: Man sollte sich immer auf das verlassen, was man gerade ausspricht. Wichtig ist der Schluss der Antwort, bis zu diesem sollte man sich nicht unterbrechen lassen. Hat man den Zielsatz vergessen oder ad hoc nicht gefunden, dann hilft oft eine Wiederholung – um neu anzusetzen, freilich nur im geschnittenen Interview.

Interview-Vorbereitung

- Welche Art von Interview ist es?
- Sind Sie unter Studiobedingungen vorbereitet worden?
- Kennen Sie mögliche Themen (nicht unbedingt die Fragen!)?
- Haben Sie Zielsätze und Argumente?
- In welchem Zusammenhang steht das Interview?
- Wie lange soll das Interview dauern?
- Unter welchen Bedingungen soll es ablaufen? (live, geschnitten, im Studio? etc.)

Antworten im Interview

- in der Antwort auf den Zielsatz hinführen
- nicht weiterreden, wenn der Zielsatz gesagt ist
- Nichtwissen zugeben
- nicht zu häufig mit Namen ansprechen
- keine nicht gestellten Fragen beantworten
- in längeren Interviews Vorwissen, Meinungen und Gefühle des Medienpublikums verbalisieren
- bei Mehrfachfragen diejenige herausnehmen, die gelegen ist
- sehr persönliche Angriffe zurückweisen
- gelassen, ruhig bleiben, Erregung im Griff haben
- bei Nichtverstehen auf der Präzision der Frage bestehen

Im Interview vermeiden

- Vorwegnehmen der Zielsätze (»Ich bin dagegen«), auf die hin geredet werden sollte. Erst sollten die Argumente genannt sein.
- Langatmigkeit, die nach Unterbrechung schreit, bevor der Zielsatz ausgesprochen ist.

- Relativierungen und Füllwörter (»eigentlich«, »irgendwie«, »gewissermaßen«, »oder so«)
- Zeichen der Verunsicherung (»ja ja«, »richtig«, »praktisch«, »quasi«)
- Behauptete Glaubwürdigkeit, die nicht glaubwürdig ist (»ehrlich«, »echt«, »im Ernst«)
- Verabsolutierungen, die den Gesprächspartnern keinen Raum lassen (»unbedingt«, »niemals«, »unter allen Umständen«)
- Überheblichkeit (»Ich möchte hierzu grundsätzlich bemerken«, »Ich als Vorstand«, »Das haben Sie jetzt hervorragend formuliert«, »Sie sollten sich unser Unternehmensprogramm zu Gemüte führen«)
- herabsetzen (»Da müssen Sie sich mal richtig informieren.«)

Rahmenbedingungen bedenken

- Distanz 60 – 120 cm
- nicht zu bequem sitzen (Körperspannung!)
- Blick nicht direkt in die Kamera
- Nicht tiefer sitzen oder stehen müssen als die Moderatoren

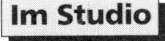

Im Studio

Hörfunkstudio

Hier lassen sich alle Hilfen zum professionellen Reden nutzen, weil sie nicht zu sehen sind. Außer vorformuliertem Text, den kann man hören! In jedem Fall sollten Stichwörter zur Hand sein. Sie sollten auf Karteikarten stehen, denn lose Blätter rascheln, was das Mikrofon überträgt und verstärkt. Weil im Studio Stimme und Sprechausdruck entscheidend an der Wirkung beteiligt sind, sollte sich der Befragte dazu beste Bedingungen schaffen, bis hin zum Stuhl, der weder zu hoch noch zu niedrig sein darf, um nicht die Atmung zu behindern.

Im schalltoten Raum eines Aufnahme- oder Sendestudios ist der Stimmklang immer gedämpft. Hier sollte der Befragte nicht etwa lauter sprechen. Die Fülle der Stimme stellt sich am leichtesten in geringer Spannung ein. Der Moderator trägt einen Kopfhörer, der ihm auch die eigene Stimme einspielt und die fehlende Raumakustik ersetzt. Auch der Befragte trägt dann in der Regel einen Kopfhörer.

TV-Studio

Überzeugen im Studio verlangt vor allem Konzentration. Weiterhin sollte man die Situation möglichst nicht zum erstenmal erleben.

Weiterhin:

– Gestik frei haben
– trotz Schalldämmung niemals lauter als im Gespräch reden
– stehen ist für Atem und Spannung besser als sitzen
– evtl. vorab mit dem Studiopersonal reden, um Aufregung abzubauen
– sich vorab Raum nehmen, sich zurechtrücken
– Mikrofone, die in der Hand gehalten werden müssen, sind ungünstig, besser Ansteckmikrofone, allerdings: dann nicht auf die Brust schlagen

Leider auch wichtige Fragen zum Thema Kleidung

– keine ablenkenden Details, keine Muster
– keine starken Kontraste
– keine exaltierten Motive

- nichts Kleinkariertes und keine fein bedruckten Stoffe, sie können ein Flimmern erzeugen
- nichts Blendendes
- Sitzen die Hosen?
- Manschetten heraus, stehend das Jackett zumachen
- geputzte Brille mit nicht reflektierenden Gläsern
- für Männer: Kniestrümpfe

Geschnittene Statements und Interviews

Meist werden die Antworten in einen gebauten Beitrag geschnitten. In diesem Fall sind Versprecher nicht wesentlich, während sie live freilich zu vermeiden sind. Befragte können in geschnittenen Statements und Interviews mit einer Antwort warm werden und sie wiederholen. Sind Thema oder Person nicht gerade im Kreuzfeuer, dann wird auch der Moderator für eine verbesserte Antwort dankbar sein. (Es ist selten, dass der Journalist auf Bloßstellung aus ist oder Unsicherheit ausnutzt, nur dann würde er die schlechte, unsichere Antwort senden.)

Unternehmenssprecher sind keine Werbefiguren. Während häufige Unternehmens- oder Produktnennungen live nicht zu schneiden, gleichwohl oft zu penetrant sind, sind sie in später zu bearbeitenden Antworten manchmal Grund für das völlige Verschwinden. Auch ständiges Heben der Stimme am Satzende nötigt die Autoren der Beiträge. Vom Schnitt hält das nicht ab. »Unschneidbar«, raus damit, heißt es dann.

Quelle: Stefan Wachtel, Überzeugen vor Mikrofon und Kamera. Campus Verlag Frankfurt/New York, 1999.

So schreiben Sie Briefe, die »ankommen«

Jeder Brief ist Öffentlichkeitsarbeit

Keine Presse-Abteilung darf sich schriftliche Inkompetenz in Presse-Texten leisten. Aber auch nicht im begleitenden Schriftverkehr, der vielfach vernachlässigt wird.

Das gesprochene Wort ist nachsichtig. Jedes Unverständnis, das es beim Zuhörer erzeugt, lässt sich unverzüglich ausräumen. Mimik und Körpersprache des Zuhörers sind das Echo. Nicht so beim geschriebenen Wort. Hier gibt es nicht die Möglichkeit der sofortigen Korrektur. Was »Schwarz auf Weiß« geschrieben steht, bleibt bis auf Widerruf der Kritik ausgesetzt.

Hier liegt der Grund, warum ungern Begleitbriefe zu einer Presse-Aussendung geschrieben werden. Die mangelnde Übung erhöht das Risiko der gefürchteten »Blockierung«. Freilich gibt es auch andere Gründe für die weit verbreitete Scheu, Dialoge per Brief zu fördern. Nach der Schulzeit fehlt häufig Zeit und Lust, die schriftliche Ausdrucksform in Briefen zu trainieren.

In diesem Abschnitt erfahren Sie, was man schreibt, was man nicht schreibt und wie man schreibt.

Freundlich, sympathisch und persönlich sollen Ihre Begleitbriefe zu einer Presse-Aussendung wirken. »Sehr geehrte Herren, beiliegend erhalten Sie eine Presse-Mappe, mit freundlichen Grüßen ...« bewirken genau das Gegenteil. Dann lieber weglassen. Nur verständliche, partnerbezogene, stimulierende und erlebnisreiche Brieftexte tragen dazu bei, positive Aufmerksamkeit in den Redaktionen und bei freien Journalisten zu schaffen. Jeder kennt die Bestandteile eines Briefes: Anschrift des Empfängers, Datum, Betreff, Anrede,

Brieftext, Schlussformel, Unterschrift, Anlagenvermerk und Postscriptum. In jedem dieser Elemente stecken viele gute Chancen, positive Resonanz zu bewirken!

Anschrift des Empfängers

- *Sendungsart*
- *Verlag und/oder Titel*
- *Redaktionsressort*
- *Vor- und Nachname*
- *Straße bzw. Postfach*
- *Plz und Ort*

Bezugs-/Diktatzeichen und Datum

Über Sinn und Zweck der Bezugszeile lässt sich im Rahmen der Presse-Arbeit streiten. Immer mehr Briefbögen werden ohne Bezugszeichen gedruckt. Vorteil: Kein bürokratisches Outfit. Die erste Briefseite kann auch als Folgeseite verwendet werden.

Datum: immer!
Diktatzeichen: nur wenn nötig, in Höhe der letzten Anschriftzeile, rechts in den freien Raum setzen.

23.07.01 h-f

oder

11.11.01
S/Sp

Ein Brief niemals ohne Datum verschicken. Steht das exakte Aussendedatum beim Ausdrucken der Begleitbriefe noch nicht fest, so ist vages Vordatieren gefährlich. Es gibt hier einen akzeptablen Ausweg.

Briefe ohne exakte Datumsangabe

> *im Herbst 20..*
> *Hamburg, im November 20..*
> *Januar 20..*
> *Herrischried, im Frühling 20..*

Die Variante »Datum siehe Poststempel« wird nicht zur Nachahmung empfohlen!

Hier noch ein Vorschlag, wie Sie auf Daten eines Anschreibens reagieren können:

> Einfach in die Betreffzeile setzen:
>
> Beispiel:
>
> *Presse-Info*
> *Ihre Anfrage vom 05.10.01 h-f*
>
> Oder:
> *Wir informieren!*
> *Ihr Brief vom 5. April 2001/h-f*
>
> Auch gut: In den Briefanfang integrieren!
>
> *Guten Tag, Herr Maier,*
> *vielen Dank für Ihr Schreiben vom 05.10.01/h-f,*
> *das ich heute beantworte ...*

Betreff

Längst sollte die Zeit der Vergangenheit angehören, in der die Stichwortzeile mit »Betreff:« oder »Betr.:« hübsch unterstrichen eingeleitet wird. Heute ist so etwas überflüssig!

Hier scheint in einigen Unternehmen die Zeit stehen geblieben zu sein. Manche Briefeschreiber beginnen immer noch mit »Sehr geehrte Herren!« ohne Rücksicht darauf, dass auch Frauen in Redaktionen aktiv sind. Längst wird dem Ausrufezeichen ein Komma vorgezogen.

Hier noch einige verstaubte und übertrieben höflich formulierte Anreden:

Sehr verehrte Damen,
sehr geehrte Herren,

Sehr verehrte Kollegin,
sehr verehrter Kollege,

Sehr geehrte Damen und Herren!

Folgende Mischung praktiziert die Presse-Abteilung eines Automobilherstellers:

Sehr verehrte Damen,
sehr geehrte Herren,
liebe Kolleginnen und Kollegen,

Vorschläge:

Guten Tag, Herr Maier,

Guten Morgen, wie geht es Ihnen?
(In einer E-Mail oder im Fax)

Liebe Frau Müller,

Die meisten Briefempfänger freuen sich, nett und locker (genau wie am Telefon) angesprochen zu werden.

Die beste Anrede ist natürlich die *persönliche*. Wenn Sie den Namen nicht kennen, sollten Sie ihn in Erfahrung bringen. Das kostet in den meisten Fällen nur einen Blick ins Impressum – das Inhaltsverzeichnis jeder Zeitschrift verrät Ihnen, auf welcher Seite Sie es finden. Wenn Ihnen kein Beleg vorliegt: Adressverzeichnis zu Rate ziehen oder bei der Redaktion anrufen. Dieser kleine Aufwand lohnt sich immer!

Schlussformel und Unterschrift

Wie in alten Zeiten, sind auch heute noch folgende Schlussformeln keine Seltenheit:

Hochachtungsvoll

Mit vorzüglicher Hochachtung

Mit bester Empfehlung

Bis dahin verbleiben wir
mit freundlichen Grüßen

Das Beispiel mit der Floskel »verbleiben« – ein typisch leerer Ausdruck ohne Sinn (was tut man, wenn man verbleibt?), wird leider immer noch häufig benutzt.

Vorschläge:

Freundliche Grüße

Kollegiale Grüße

Sonnige Grüße aus Kriftel

Aus Hamburg grüßt freundlich

Wintergrüße aus dem Süden

Freundliche Grüße zur Isar-Stadt

*Sommerliche Grüße vom Hochrhein
an die Spree*

Warum förmlich, wenn es auch freundlicher geht? Verwenden Sie ganz nach Lust, Laune, Jahreszeit und Briefinhalt abwechslungsreiche Grußformeln. Gruß und Ton des Briefes müssen natürlich zueinander passen. Sie werden sehen, dass auch Sie künftig mehr und mehr Briefe bekommen, in denen dieser Stil gerne übernommen wird.

Erfahrungs-Beispiel aus der Praxis. Die Reaktion auf »Sonnige Grüße«, Absender Frankfurter Allgemeine, Wirtschafts-Redaktion:

*Leider kann ich Ihnen keine so sonnigen Grüße ins Badische senden; hier regnet es momentan in Strömen. Aber der Sommer hat ja erst begonnen.
Mit herzlichen Grüßen von Haus zu Haus ...*

Nach dem Gruß folgen die Schlussangaben. Meist in der »üblichen« Reihenfolge:

Freundliche Grüße
    MUSTERMANN GmbH
    Leiter Bereich PR

    Fritz Müller

Frage an den Leser: Muss das so sein?

Vorschlag: Erst der Mensch – dann die Firma.

Schreibt doch der Presse-Mann zum Redakteur (also ein Brief von Journalist zu Journalist). Gerne stellen wir zur Diskussion, ob der Firmenname in der Schlussformel überhaupt notwenig ist. Wenn der Firmenname deutlich im Briefkopf steht, sollte man zumindest in der Presse-Stelle darauf verzichten können. Oder?

So klingt es viel freundlicher:

Sonnige Grüße aus Neuwied

    Fritz Müller

    Ihr Presse-Partner
    MUSTERMANN GmbH

Nun könnte der eine oder andere Leser noch anregen, auch die Wiederholung des Vor- und Nachnamens zu streichen, schließlich reicht eine Unterschrift.

Antwort: grundsätzlich ja.

Erfahrungsgemäß: Nein.

Viele, ja sehr viele Unterschriften sind »Rezept-Unterschriften«, die zwar schwungvoll und riesig wirken, aber beim besten Willen nicht lesbar sind.

Vorschlag:

> Mit Vor- und Zunamen halbwegs leserlich in nicht überzogener Größe unterschreiben, darunter in Maschinenschrift Vor- und Zuname vollständig wiederholen.

Der Vorname ist wichtig. Nur daraus lässt sich schließen, ob der Absender eine Frau oder ein Mann ist. Mit »F. Müller« bringen Sie den Empfänger in Schwierigkeiten, wenn er antworten möchte.

Auch wenn Sie überzeugt sind, dass Ihr Name in der Branche »populär« ist und folglich der Nachname reicht. Denken Sie bitte daran, dass auf der Empfängerseite dann und wann »Neue« hinzukommen, für die Sie noch ein unbeschriebenes Blatt sind. Oder der Empfänger, der Sie schon jahrelang kennt, leitet Ihr Schreiben an ein anderes Redaktionsressort weiter – dort taucht Ihr Name vielleicht das erste Mal auf. Gelegentlich werden Briefe von mehreren »Unterschriftberechtigten« (wie amtlich) unterzeichnet. Überlegen Sie bitte, ob das im Presse-Bereich wirklich sein muss …

Anlagenvermerk

Lassen Sie die Bezeichnung »Anlage« künftig ganz weg. Die Inhalte der Anlagenvermerke verstehen sich eigentlich von selbst. Beispiel: 1 Presse-Mappe, 2 Farbdias.

Wenn die Anlagen deutlich im Text erwähnt wurden, können Sie sich den Anlagenvermerk auch ganz sparen.

Postskriptum

Häufig wird die Abkürzung »P. S.:« verwendet, richtig ist »PS:«. Das Postskriptum ist eine Nachschrift oder ein Nachsatz und als solcher erkennbar. Das PS: können Sie also getrost weglassen.

So vermeiden Sie Amtssprache

In den folgenden Beispielen finden Sie eine Auswahl typischer Floskeln mit konkreten Verbesserungsvorschlägen:

Aufgrund der Erweiterung unseres Sortimentes ...

Besser:

> Wir haben unser Sortiment erweitert ...

1. *In der Anlage senden wir Ihnen Presse-Fotos.*
2. *Sie erhalten die beiliegenden Presse-Fotos.*
3. *Beiliegend sende ich Ihnen Presse-Fotos.*

Vorschlag:
Alle Versionen hören sich verstaubt an. Das erste Beispiel ist laut Duden korrekt – doch denke ich immer an eine Park-Anlage. Auch der zweite Satz ist prinzipiell in Ordnung (»beiliegend« bezieht sich auf die Presse-Fotos). Nur beim dritten Satz hapert es: »beiliegend« steht am Satzanfang. Es bezieht sich somit nicht auf die Presse-Fotos sondern auf den Absender. Er stellt fest, dass er beiliegt!

Besser:

> *Zusammen mit diesem Schreiben erhalten Sie Presse-Fotos.*
>
> *Wir senden Ihnen mit diesem Brief Presse-Fotos.*
>
> *Sie erhalten mit diesem Schreiben Presse-Fotos.*

Wir beziehen uns auf Ihre Anfrage...
Bezugnehmend auf Ihre Anfrage...

(wenn schon, richtig: Bezug nehmend)

Besser:

> *Heute beantworten wir Ihre Anfrage...*

Ich hoffe, Ihnen mit diesen Informationen gedient zu haben und verbleibe...

Oder:
Ich hoffe, Ihnen mit diesen Informationen dienlich gewesen zu sein, und zeichne...

Taten sind wichtiger als Worte! Eine Presse-Abteilung muss den Journalisten nicht dienen. Besser: man bemüht sich um die Presse: zuvorkommend und freundlich – so, dass es der Partner von selbst merkt. Der »Dienen-Hinweis« ist vollkommen überflüssig!

Besser:

> *Ich freue mich, wenn Ihnen die Informationen weiterhelfen.*

Hiermit darf ich mich für die Bekanntgabe Ihrer neuen Redaktionsanschrift bedanken.

Besser:

Vielen Dank, dass Sie uns Ihre neue Redaktionsanschrift mitgeteilt haben.

Oder:

Sie haben uns Ihre neue Redaktionsanschrift mitgeteilt. Vielen Dank.

Sollten Sie noch Fragen haben, so wenden Sie sich gegebenenfalls an uns.

Vorschlag:
Ist es nicht eine eingebürgerte Unsitte, dieses aufgeblasene Papierdeutsch in heutiger Zeit noch zu verwenden? Ein überflüssiges Wort, das Sie getrost aus Ihrem Wortschatz streichen können!

… und bitten Sie höflichst …

Besser:

… und bitten Sie freundlich …

oben genannt

Zu oben genanntem Thema sende ich Ihnen heute eine aktuelle Presse-Information.

Oder:

Zu o. g. Thema sende ich Ihnen heute eine aktuelle Presse-Information.

Vorschlag:

Meist bezieht sich »oben genannt« auf den Betreff eines Schreibens.

Besser:

Heute sende ich Ihnen eine aktuelle Presse-Information.
(Zu welchem Thema steht ja im Betreff!)

... und übersenden Ihnen unsere aktuelle Presse-Mappe.

Besser:

... und senden Ihnen unsere aktuelle Presse-Mappe.

oder:

Hier ist unsere aktuelle Presse-Mappe.

... zwecks Veröffentlichung ...

Besser:

... zur Veröffentlichung ...

Hier noch ein paar typisch passive Formulierungen:

1. Wir bitten Sie, uns Nachricht zugeben, ob Sie zur Presse-Konferenz kommen.
2. Wir würden es sehr begrüßen, wenn Sie es ermöglichen könnten, zur Presse-Konferenz zu kommen.
3. Wir wären Ihnen sehr dankbar, wenn Sie das Testmuster bald zurückgeben könnten.
4. Ihrer Rückäußerung entgegensehend ...

Besser:

1. Verständigen Sie uns bitte, wenn Sie an der Presse-Konferenz teilnehmen möchten.
2. Kommen Sie bitte zur Presse-Konferenz. Es liegt uns sehr daran.
3. Bitte geben Sie uns das Testmuster Ende Mai zurück.
4. Auf Ihre Antwort freuen wir uns!

Siehe Seite 146: Floskel-Scanner© ...

Fünf Beispiele,
wie Sie Brieftexte
kurzfristig optimieren

1. Beispiel: **Antworten auf Anfragen**

Danke für Ihr Interesse.
Hier sind die gewünschten Unterlagen.
Haben Sie einen bestimmten Themenwunsch?

Besten Dank für Ihre Antwortkarte.
Sie hatten gezielt Informationen über … gewünscht.

Das konstruktive Gespräch mit Ihnen während der Messe hat mich sehr gefreut. Hier nun das versprochene Muster.

Ich hatte Ihre Wünsche im Presse-Treff notiert.
Mit diesem Brief erhalten Sie …

2. Beispiel: **Vereinbarungen bestätigen**

Wir freuen uns über die Veröffentlichung.
Sie waren ein anregender Gesprächspartner. Vielen Dank.

Vielen Dank für Ihre Anmeldung zur Firmenbesichtigung.

Hier das Bildmaterial, so wie wir es vereinbart hatten.

Für Ihren Besuch und den anregenden Erfahrungsaustausch nochmals herzlichen Dank.

3. Beispiel: **Entschuldigung**

Wie können wir unseren Fehler wieder gut machen?
Wir schlagen vor … Sind Sie damit einverstanden?

Sie hatten Recht: Die Adresse und die Anrede waren falsch.
Bitte entschuldigen Sie das Versehen.

Sie haben durch unser Versehen einen Mehraufwand gehabt.
Das tut uns Leid.

Die Aussendung des Testmusters –
Entschuldigung! – haben wir wirklich vergessen.

4. Beispiel: **Verständnis**

Ihren Ärger verstehen wir gut.
Dass die verspätete Lieferung des Bildmaterials Sie geärgert
hat – verständlich.

Wir haben natürlich Verständnis dafür, dass Sie …

5. Beispiel: **Brief-Ende**

Höre ich wieder von Ihnen? Darauf freue ich mich.

Am Anfang stand oft eine Anfrage.
Daraus wurde manch langfristige Zusammenarbeit.
Können wir auch bei Ihnen der Presse-Partner in Sachen XY
sein?

Wir freuen uns auf Ihre Nachricht und reagieren sofort.

Haben Sie noch Fragen? Bitte melden Sie sich kurz tele-
fonisch. Wir rufen dann sofort zurück und erläutern Ihnen
alle Details.
Das ist unser Angebot. Werden Sie die Presse-CD nutzen?

Wann sprechen Sie mit uns über Ihre Redaktionspläne?

So bereiten Sie sich auf Messe-Presse-Arbeit vor

Messe-Vorberichte

Sowohl die einschlägige Fachpresse als auch die Tagespresse berichten vorher und auch begleitend über Messen, Aussteller und Exponate.

Beachten Sie bei der Fachpresse die Erscheinungsweise sowie -termine und die daraus resultierenden frühen Redaktionsschlusstermine. Planen Sie entsprechende Vorlaufzeiten von mindestens 8 Wochen ein.

Die regionale Tagespresse berücksichtigt – auch im hier meist interessierenden Wirtschaftsteil – bevorzugt Aussteller aus ihrem Erscheinungsraum. Deshalb können mehrere Zeitungen, auch überregionale, für Sie relevant sein.

Häufig gehen von Messegesellschaften, Veranstaltern oder Verbänden eigene Aktivitäten zur Messe aus. Fragen Sie bei der Presse-Abteilung des Veranstalters nach.

Presse-Infos auf Messen

Nicht alles, was in Studien, Umfragen und Berichten geschrieben steht, entspricht unbedingt den eigenen Vorstellungen und Erfahrungen. Das Ergebnis einer Untersuchung der Hamburger IPR & O Beratungsgesellschaft kann ich allerdings blind unterschreiben: Mehr als 80 Prozent des Informationsmaterials, das auf Messen an Journalisten verteilt wird, ist »unbrauchbar« oder zumindest »schwer verwertbar« für Redaktionen in Tages- und Wirtschaftszeitungen. Nur bei der Fachpresse selbst schnitten die gedruckten Informationen besser ab. Immerhin bekamen 68 Prozent der Presse-Mappen Noten zwischen gut und befriedigend.

Wieder einmal muss auf den entscheidenden Punkt hingewiesen werden: Machen Sie sich rechtzeitig klar, für wen Sie eine Presse-Mappe zusammenstellen. Ein Journalist, der für ein Fachblatt für Computerfreaks schreibt, will wissen, wieviel Bits und Bytes mega- oder gigamäßig verarbeitet und gespeichert werden können. Ein Tageszeitungs-Journalist kann seine Leser mit solchen Details nicht überfordern. Ihn interessiert in Form von Beispielen, was ein neues Computersystem leisten kann, welche Arbeiten dadurch erleichtert werden und was die Anlage kostet.

Einladung zur Messe

Ebenso wie wichtige Kunden und Interessenten zur Messe eingeladen werden, sollten Sie auch alle wichtigen Redakteure einladen. Vergessen Sie nicht die freien Fachjournalisten.

Die Einladung selbst sollte folgende Bedingungen erfüllen:

- persönlich (Anrede individuell, keine »Masseneinladung«)
- rechtzeitig (die Empfänger müssen planen können)
- informativ (was wird geboten, Bedeutung, Neuheiten)
- originell (auch Journalisten sind Menschen und freuen sich über originelle Ideen (z. B. 3-D-Artikel).

Klären Sie ein bis zwei Wochen nach der Einladung per telefonischer Nachfrage, wer kommt. Dabei sind möglichst gleich die Termine zu vereinbaren. Auch wenn dies häufig nicht »exakt« realisierbar ist, so ist es doch von Vorteil – auch für den Besucher (Argument!) – zu wissen, wieviel Journalisten an welchen Tagen (vormittags/nachmittags) kommen. Der eigenen Vorbereitung kann ein ausreichendes Wissen auch zugute kommen.

Presse-Fach anmieten

Veranstalter und/oder Messegesellschaft bieten den Ausstellern meist kostenlos oder gegen geringe Gebühren ein

Presse-Fach an. Aus diesem versorgen sich die Journalisten während der Messe mit Informationen. Die Belegung eines Presse-Fachs ist unbedingt zu empfehlen. Achten Sie auf folgende Punkte:

- Informationen
  In das Presse-Fach gehören keine Prospekte sondern Presse-Informationen. Druckschriften können positiv wirken, wenn sie zusätzlich zur Erläuterung beitragen. Aktuelle Informationen ebenfalls als Presse-Information oder so gekennzeichnet, dass die Journalisten sehen, dass sie speziell für sie gedacht und gemacht sind.
- Einladung
  Die Gelegenheit nutzen und die häufig noch nicht bekannten Journalisten zum Besuch auf den Stand einladen.
- Zeit
  Vor der Messeeröffnung pünktlich zum 1. Pressetag das erste Mal das Presse-Fach füllen. Täglich nachfüllen!
- Menge
  Eine ausreichende Menge – je nach Art/Größe/Bedeutung der Messe kalkulieren – an Informationen, z.B. in Presse-Mappen bereit halten.
  Liegen noch keine Erfahrungen vor, die Messe-Presse-Stelle fragen
  (Zahl der eingeladenen akkreditierten Journalisten der letzten vergleichbaren Messe und »Zuschlage« für andere Informationshungrige wie Wettbewerber, Sammler usw.).

Messe-Nachbearbeitung

Die Messekontakte mit Journalisten müssen aufgearbeitet werden. Zusagen, Versprechungen usw. sind jetzt zu realisieren. Sonst besteht die Gefahr, dass Messeerfolge eher der Anfang von Misserfolgen werden. Damit dies nicht passiert, ist hier meist »buchhalterische Akribie« erforderlich. Was während der Messe nicht notiert wurde (egal ob auf Papier,

Ton- oder Datenträger), ist nach allen Erfahrungen verloren. Aber ohne das zugesagte Foto, die ergänzenden Daten aus Entwicklung, Konstruktion oder Fertigung, das Diagramm oder die versprochene Hintergrundinformation wird der Bericht eben in der Redaktion liegen bleiben, bis er wegen hohen Alters im Papierkorb landet.

Was aber ist mit den vielen Journalisten, die zwar auf der Messe waren, sicher auch aus Unternehmenssicht interessant sind, die aber – aus welchen Gründen auch immer – nicht auf den Stand kamen. Beispielsweise die, die es aus Zeitgründen (wieviele Aussteller gab es?!) nicht konnten, die, von denen man nicht weiß, ob sie auf dem Stand waren, die, von denen niemand wissen kann, ob sie Informationen aus dem Presse-Fach erhalten haben oder sonst ein Kontakt stattfand? Und was ist mit den Publikationen, die an bestimmten Themen interessiert sein müssten, aber niemand selbst auf die Messe geschickt hatten? Für sie alle gilt: *Empfänger der Messenachlese!*

Unmittelbar nach einer Messe sind in der Regel alle Informationen zu den Exponaten noch gültig, nur die übergreifende Presse-Information ist »umzuschreiben«. Statt der Erwartungen an die Messe muss jetzt über die Ergebnisse geschrieben werden. Am besten mit aktuellen Zahlen und ein paar wichtigen Zutaten gewürzt. Zusammen mit den anderen Presse-Informationen und möglichst neuen Fotos (gibt's vom Dummy vor der Messe jetzt eine Aufnahme des Prototyps auf der Messe!?). Neue Fotos sind dann auch für die eventuell bereits Informierten eine neue Information.

Zur Motivation und zum Trost: Messe-Nachlesen in Fachzeitschriften sind zum Teil 3 bis 6 Monate nach Messeschluss noch zu finden. Bei der Fülle des häufig gegebenen Materials keine Schlafmützigkeit der Redaktionen, sondern oft der Versuch, weniger vergängliche Informationen dem Leser wohldosiert zu präsentieren!

Presse-Konferenzen während Messen haben ein deutliches Für und Wider. Und unabhängig davon gilt eine generelle Voraussetzung: Ihre Botschaften müssen von ihrer Art und Wichtigkeit eine Presse-Konferenz rechtfertigen!

Alles, was auch mit einigen Presse-Informationen darzustellen ist, rechtfertigt keine Presse-Konferenz. Für sie sollten gravierende Aussagen vorliegen, zum Beispiel über neue Ergebnisse, Grundlegendes zur Geschäftspolitik, Vorstellung neuer Produkte mit wirklich neuen oder nutzbringenden Eigenschaften. Kurz, Informationen, die wichtig und erläuterungsbedürftig sind.

Für Presse-Konferenzen auf Messen spricht, dass die zur Konferenz erwünschten Journalisten überwiegend während der Messe anwesend sind. Gegen Presse-Konferenzen auf Messen spricht, dass es genug ähnlicher Veranstaltungen gibt, dass der Terminkalender der Journalisten deshalb übervoll ist und deren Aufnahmekapazität häufig überstrapaziert ist.

Die Entscheidung, dafür oder dagegen, sollte möglichst frühzeitig fallen. Die Presse-Konferenz selbst, und das gilt noch stärker für ihre Vorbereitung, ist als separates Projekt, quasi als eigene Veranstaltung während der Veranstaltung zu sehen.

Hier noch einige Hinweise und Tipps zur Vorbereitung und Durchführung.

- Planung + Regie

  Was für alle wichtigen Veranstaltungen gilt: generalstabmäßig planen und ausführen! Die Checklist im nächsten Kapitel hilft. Achten Sie besonders auf die terminliche Koordination.

- Generalprobe

  Liegen keine Erfahrungen vor, rechtzeitig vorher eine Generalprobe im Unternehmen abhalten. Zusätzlich alle organisatorischen Abläufe vor Ort durchspielen.

- Informationsmaterial

  Neben den eigentlichen Informationen für die Presse noch Hintergrundmaterial, z. B. zum Unternehmen, seiner historischen, wirtschaftlichen und technischen Entwicklung, Patenten sowie zum Markt (ebenfalls wirtschaftlich und technisch) bereit halten.

- Fragen der Journalisten

  Einen Fragenkatalog ausarbeiten. Daran besonders kritische Mitarbeiter beteiligen. Dies kann unter PR-Gesichtspunkten zusätzlich interessante Ergebnisse bringen! Die Teilnehmer alle Fragen spontan beantworten lassen. Dann entscheiden, ob vertiefende Ausarbeitungen erforderlich sind.

- Sprachregelung

  In wichtigen Aussagen und zu grundlegenden Themen eine einheitliche Sprachregelung treffen. Dies gilt sowohl hinsichtlich der Inhalte, Begriffe und Definitionen als auch für die Ausdrucksweise (Corporate Wording®).

- Beispiel für den Terminplan

  Vorbereitung

  – Daten, Zeitpunkt und Ort festlegen
  – Aufgaben, Zuständigkeiten beschreiben
  – Verantwortlichkeiten verteilen
  – Raum reservieren
  – Presse-Dienste informieren
  – Teilnehmerliste prüfen und abgleichen
  – Vorankündigung an Einzuladende versenden
  – Fotografen bestellen
  – Programm und Details mit Geschäftsführung besprechen

- Einladung verschicken
- Namenslisten und -schilder erstellen
- Generalprobe durchführen
- Klären der Details mit Messegesellschaft/Vermieter/ Bewirtungsunternehmen und weiteren Beteiligten
- Redemanuskripte und Folien/Dias anfertigen
- Presse-Mappen mit Informationen, Reden, Fotos, evtl. Geschäftsbericht bestücken
- Vor-Ort-Technik und Organisation prüfen.

So bereiten Sie eine Presse-Konferenz vor

Eine Eishockeymannschaft wird samstags in den Bus gesetzt, zu einem Eisstadion gefahren und bekommt dort, 10 Minuten vor Anpfiff, vom Trainer mitgeteilt, gegen wen sie heute spielt. Absurd! Aber genau nach diesem Prinzip wurden schon Presse-Konferenzen veranstaltet. Getreu dem Motto: »Wird schon schiefgehen.«

Die folgenden Checklisten und Tipps zeigen, was den Amateur zum Profi macht.

1. Inhaltliche Planung

❏ Das Ziel festlegen.
  (Warum veranstalten wir die Presse-Konferenz?)
❏ Das Leit-Thema der Presse-Konferenz formulieren.
❏ Den Gesprächsleiter bestimmen.
❏ Klären, wer die Rolle des Unternehmenssprechers übernimmt.
❏ Die Einzelthemen mit den Referenten absprechen.
❏ Mit den Referenten die Techniken checken:
  [ ] Flip-Chart, Stifte
  [ ] Tageslichtprojektor, Folien
  [ ] Diaprojektor, Magazin, Dias
  [ ] PC/Laptop/Notebook, Datenprojektor, Lautsprecher
  [ ] Video, System, Beamer, Lautsprecher
  [ ] Modelle/Muster
❏ Dauer und Inhalte der Einzelreferate abstimmen.
❏ Podiumsteilnehmer festlegen.
❏ Klären, ob eine Diskussion nach jedem Referat oder nur eine abschließende Frage- und Antwort-Stunde vorgesehen werden soll.

❏ Training und Vorbereitung für Sie und das Management organisieren.

2. Presse-Mappe

❏ Die Referate entweder in Langfassung oder (was häufig ausreicht) in Kurzfassung vorbereiten. Der Text kann wörtlich, aber nicht inhaltlich von der frei nach Stichwörtern formulierten Rede abweichen.

❏ Fotos, jeweils mit Bildtexten versehen:
   [] für die Referate
   [] zur Demonstration
   [] zum Produkt
   [] zum Unternehmen
   [] von den Referenten.

❏ Graphische Darstellungen vorsehen:
   [] für die Referate
   [] zur Demonstration
   [] zu den Wirtschaftszahlen
   [] zu den technischen Abläufen.

❏ Zusätzliche Presse-Informationen je nach Anlass vorbereiten
   [] Zusammenfassen der Presse-Texte
   [] Foto-/Dia-Material
   [] Datenblatt zum Unternehmen
   [] Geschäftsbericht
   [] Imagebroschüre
   [] Firmengeschichte
   [] presseDISC, Diskette mit allen Text- und Grafik-Infos
   [] Photo-CD oder CD-ROM mit multimedialen Informationen.

❏ Programmübersicht mit Titeln der Referate und Namen der Referenten formulieren.

❏ Kurzlebensläufe der Referenten vorbereiten.

3. Zeitplanung

- ❑ Zuerst Termine mit den Referenten aus dem Hause abklären.
- ❑ Redenschreiber beauftragen.
- ❑ Coaching für Geschäftsführer/Vorstand organisieren.
- ❑ Nach Eingrenzung mehrerer Wunschtermine telefonische Überprüfung aktueller Termine mit größeren Redaktionen.
- ❑ Festlegung des Idealtermines.
- ❑ Beginn und Schluss nach den Reise-Verbindungen auswärtiger Teilnehmer festlegen.
- ❑ Bei rein lokalen Presse-Konferenzen Festlegung der Zeiten nach Rücksprache mit ein oder zwei wichtigen Redaktionen.
- ❑ Schriftliche Einladungen mit Rückantwortkarte versenden.
- ❑ Einige Tage vor dem Termin telefonisch bei denen nachfragen, die nicht antworteten.

4. Ablaufplanung

- ❑ Den Verantwortlichen für die Organisation festlegen.
- ❑ Den Termin bei allen Beteiligten rückbestätigen.
- ❑ Den Ort der Presse-Konferenz festlegen, dabei überprüfen, ob Wegweiser erforderlich sind oder eventuell sogar Lageskizzen für die Journalisten.
- ❑ Prüfen, ob ausreichend Parkmöglichkeiten vorhanden sind.
- ❑ Alle Beteiligten im Hause über den Ort der Presse-Konferenz informieren.
- ❑ Festlegung der Bestuhlung.
- ❑ Größe des Podiums festlegen.
- ❑ Beschallung prüfen; Ton-Servicestudio beauftragen.
- ❑ Lautsprecheranlage mit ausreichend Mikrofonen nicht nur am Podium und Rednerpult, sondern auch für die Journalisten im Raum vorsehen.

- ❏ Bei mehrsprachigen Veranstaltungen Platz für Simultan-Dolmetscherkabinen vorsehen und die Technik sowie Dolmetscher bestellen.
- ❏ Mitschnitt der Veranstaltung auf Tonband vorsehen.
- ❏ Bestellung der Technik nach Erfordernissen der Referenten.
- ❏ Fotograf beauftragen.
- ❏ Anlegen einer Liste mit allen Kontaktpersonen, die für die Organisation der Presse-Konferenz wichtig sind, und deren Telefonnummern.
- ❏ Festlegung eines Zeitplanes für die Vorbereitung der Presse-Konferenz.
- ❏ Bestimmen der Verantwortlichen für die einzelnen Aufgaben.
- ❏ Festlegung der Bewirtung und Speisenfolge (bei der Planung Kaffee und Konferenzgetränke berücksichtigen).
- ❏ Auswahl eines angemessenen und mit Phantasie ausgewählten Gastgeschenkes für die Journalisten.
- ❏ Transportmittel bestellen, soweit sie benötigt werden.

5. Follow up

- ❏ Journalisten, die zur Presse-Konferenz eingeladen wurden, aber nicht gekommen sind, Presse-Mappe mit Begleitbrief unmittelbar nach der Presse-Konferenz versenden.

20 Leitsätze für eine erfolgreiche Presse-Konferenz

Der erste Eindruck ist entscheidend.
Der letzte Eindruck bleibt.

Gehen Sie davon aus, dass Ihnen nicht nur Wohlwollen entgegengebracht wird, wenn Sie eine Presse-Konferenz veranstalten.

01 Formulieren Sie die Kernaussagen der Veranstaltung.

02 Definieren Sie die Teilnehmerrunde (Fachpresse, Wirtschaftspresse etc.) und ihre Erwartungshaltung.

03 Listen Sie die Teilnehmer auf, die für Sie und für das Unternehmen besonders wichtig sind.

04 Tragen Sie Ihren »Knalleffekt« zur Eröffnung ein (z. B.: frappierende Statistik, humorvolle Story, treffendes Zitat, verblüffende Behauptung oder eine These).

05 Formulieren Sie drei mögliche Einwände und skizzieren Sie, wie Sie darauf eingehen wollen. Informieren und coachen Sie auch das Management.

06 Legen Sie fest, welchen konkreten Nutzen Sie den Teilnehmern liefern wollen.

07 Überlegen Sie sich, mit welchen Störungen Sie rechnen müssen und was Sie dann tun.

08 Bereiten Sie eine Daten-Mappe vor, die Ihnen hilft, konkret auf Fragen nach Zahlen und Fakten zu antworten (z. B. Größe, Personalstruktur, Produkte/Dienstleistungen, Ereignisse, Marktdaten etc.).

09 Hören Sie genau auf Fragen, die aus dem Publikum gestellt werden und gehen Sie kurz, aber exakt darauf ein.

10 Sorgen Sie für Abwechslung der Medientechnik.

11 Beziehen Sie Ihr Publikum mit ein (z. B. über einen Punkt abstimmen).

12 Sorgen Sie für eine eindrucksvolle Visualisierung Ihrer Themen.

13 Sprechen Sie eine verständliche Sprache, frei nach Stichwörtern.

14 Ergänzen Sie Fachbegriffe durch Analogien und Beispiele.

15 Bleiben Sie natürlich.

16 Überfordern Sie Ihre Zuhörer nicht.

17 Begrüßen Sie die Teilnehmer mit Handschlag und verabschieden Sie sie wieder am Ausgang.

18 Reden Sie nicht länger als vorher angekündigt.

19 Verstecken Sie sich nicht hinter Podium und Rednerpult.

20 Planen Sie Reaktionsmuster auf Zwischenfälle ein:
   – Was tun, wenn Sie einen Blackout haben?
   – Was tun, wenn der Overheadprojektor versagt?

Sie dürfen über alles reden.
Nur nicht über 10 Minuten!

Die Zuhörfähigkeit nimmt ständig ab. Vorsicht! Während Sie Thema für Thema Ihre Unternehmensdarstellung entfalten, neigt Ihr Publikum zu kreativem Dösen. Unterteilen Sie deshalb Ihre Presse-Konferenz in kleine überschaubare Einheiten. Bilden Sie Tableaus. Reden Sie frei nach Stichwörtern, das heißt:

a) akkurat

b) kurz und bündig

c) charakteristisch.

Diese Kurzform schützt Sie davor, Ihre Lieblingsthemen totzureiten. Eine Presse-Konferenz, die nahtlos mehrere freie Reden zu den jeweiligen Unterthemen bündelt, ist spannend und abwechslungsreich. Das gilt auch für die Beiträge der Geschäftsleitung und des Vorstandes!

Bausteine für Krisen-PR

Es gibt immer noch Leute, die meinen, man solle nicht über die Einrichtung einer Feuerwehr diskutieren, bevor es richtig brennt …

- Zunächst die Voraussetzungen: »Hausaufgaben« müssen gemacht sein; aktuelle demoskopische Daten (Markt-/Imageanalysen etc.) sollten stets verfügbar sein.
- Prophylaktisches Statement sollte griffbereit sein, Interview-Trainings erfolgt sein.
- Situationsanalyse
- Analyse der »neuralgischen Punkte«
- Szenarien/Prognosen zur weiteren Entwicklung
- Exakte Zielgruppenbeschreibung
- Strategisches Vorgehen
- Maßnahmenkatalog
- Alternativmaßnahmen (für Maßnahmen, die nicht 100%ig sicher sind)
- Einsatz- und Zeitplan.

Hinzu kommen verschiedene Hilfsmittel:

- Darunter: Fragen- und Antwortkataloge, Checklisten, Einsatzpläne etc.

Oft vergessen wird ein weiterer entscheidender Punkt – die interne Information:

- Mitarbeiter müssen als Erste von Problemen erfahren.
- Sie dürfen von Krisen keinesfalls »aus der Zeitung« erfahren! – Sonst: massiver Motivationsverlust, geringe Glaubwürdigkeit etc.
- Heute kann sich kein renommiertes Unternehmen mehr erlauben, ohne solche Vorfeldanalysen auszukommen – auch wenn sie günstigenfalls nie akut benötigt werden.

- Umsetzung in Krisenpläne, die alle erdenklichen Eventualitäten berücksichtigen.
  - Dürfen nicht in der Schublade liegen, sondern müssen
    a) laufend überprüft und aktualisiert werden und
    b) regelmäßig (auf Führungsebene) durchgespielt werden.
- Krisentraining ist ein ausgesprochen wichtiger Punkt in der Management-Fortbildung:
  - Im Ernstfall muss jeder wissen, was seine Funktion ist.
  - Kompetenzgerangel, unklare Zuständigkeiten etc. sind im Krisenfall »reines Gift«.
  - Alle Befragten sollten tendenziell dieselben Antworten geben.
  - Sie und die Geschäftsleitung/Vorstände sollten regelmäßig vor Mikrofon und Kamera trainieren.

Adressen für die Presse-Arbeit

Medien-Adressen

Gute Kontakte … mit **www.pressguide.de** … dem online-dienst der kroll information group. Kostenfreie Recherche in den Adressarchiven des Kroll Verlags. Kroll Presse-Taschen-bücher: **www.kroll-verlag.de**
Pressetreff des Internets: **www.pressetreff.de**
Presse- und PR-Streudienst: **ww.press**,
Tel. (0 26 34) 95 74-13

Die STAMM Redaktionsadressen können nach individuellen Anforderungen zusammengestellt und auf Selbstklebe-Etiketten, Listen oder als Daten bezogen werden.
www.stamm.de/Redaktionsadressen.html

ZIMPEL – »die« Datenbank der Redaktionsadressen: Print-ausgabe, CD-ROM und online.
Im THEMENPLAN sind die Sonderthemen, Journale und Sonderhefte der Printmedien für das kommende Jahr ver-öffentlicht.
www.zimpel.de

Fotos in Großauflage

V-Dia Kopierwerk, Kurpfalzring 100, 69123 Heidelberg
Hinrichs FotoFactory, Raiffeisenstraße 21,
49124 Georgsmarienhütte

Pressemappen
Standard- und Sonderausführungen

DruckBetriebLindner, Weberstraße 13, 55130 Mainz,
www.li-print.de

Medienbeobachtung

Informations-Recherche, Auswertung und Analyse in der
Medienkommunikation.
www.ausschnitt.de; CTC, Tel. (0 40) 2 27 25 10

Floskel-Scanner©

Werkzeug für eine neue Briefkultur ohne Floskeln für Word-
Anwender vom F.A.Z.-Institut.
Erkennt Floskeln und liefert Alternativen.
www.floskelscanner.de

Stil- und Korrekturservice, Service rund ums Wort:
www.wortfuerwort.de

Einzelcoaching und Seminare

Überzeugen für Mikrofon und Kamera
Expert. Repräsentanz für Medien- und Managementtrainer,
Goethestraße 14, 60313 Frankfurt/M.
Telefon (0 69) 92 03 91-14, Fax (0 69) 92 03 91-59,
www.expert-punkt.de

Unternehmenssprache von A bis Z mit Corporate Wording®
von und mit Hans-Peter Förster
F.A.Z.-Institut, Telefon (0 69) 75 91 – 20 72

Weiterführende Literatur

Baerns, Barbara: Schleichwerbung lohnt sich nicht, Luchterhand Verlag, Neuwied, Kriftel, Berlin

Bolender-Wachtel, Sabina (Hrg.): PR- und Medienberater, Campus, Frankfurt/New York

Förster, Hans-Peter: Corporate Wording®, E-Book, www.go-for-it.de

Förster, Hans-Peter: Der E-Mail-Kompass, F.A.Z.-Institut, Frankfurt/Main

Förster, Hans-Peter: KOM, Kommunikations- und Pressearbeit für Praktiker, Loseblattsammlung, CD und Online, Luchterhand Verlag, Neuwied, Kriftel

Förster, Hans-Peter: Neue Briefkultur, F.A.Z.-Institut, Frankfurt/Main

Förster, Hans-Peter: Texten wie ein Profi, F.A.Z.-Institut, Frankfurt/Main

Jaeckel, Ralf: Handbuch Verlags-PR, Luchterhand Verlag, Neuwied, Kriftel

Martini, Bernd-Jürgen: Handbuch PR, Öffentlichkeitsarbeit in Wirtschaft, Verbänden, Behörden. Grundlagen und Adressen, Loseblattsammlung in 3 Bänden, Luchterhand Verlag, Neuwied, Kriftel

Pape, Martin: Wörterbuch der Kommunikation, Luchterhand Verlag, Neuwied, Kriftel

Peter, Joachim: Presse- und Öffentlichkeitsarbeit in der Kommune, Verlagsgruppe Jehle-Rehm, München

Posewang, Wolfgang: Wörterbuch der Medien, Luchterhand Verlag, Neuwied, Kriftel

Wachtel, Stefan: Schreiben für's Hören, 2. Aufl., UVK, Konstanz

Wachtel, Stefan: Überzeugen vor Mikrofon und Kamera, Campus, Frankfurt/New York